Heidrun Bründel

Wie werden Kinder schulfähig?

Heidrun Bründel

Wie werden Kinder schulfähig?

Was der Kindergarten leisten muss

HERDER

FREIBURG · BASEL · WIEN

3. Auflage

Gedruckt auf umweltfreundlichem, chlorfrei gebleichtem Papier
Umschlaggestaltung: R·M·E Roland Eschlbeck/Rosemarie Kreuzer
Umschlagfoto: Hartmut W. Schmidt, Freiburg

www.herder.de
Satz: Barbara Herrmann, Freiburg
Druck und Bindung: fgb · freiburger graphische betriebe 2008
www.fgb.de
ISBN: 978-3-451-28911-8

Inhalt

Vorwort:

Chancen der Elementarerziehung nach PISA

Noch bis vor einigen Jahren war man von der hohen Qualität des deutschen Bildungssystems überzeugt, doch dieser Glaube wurde durch die Ergebnisse der internationalen Vergleichsstudien PISA I (2001) und PISA II (2003) jählings erschüttert. Deutschland liegt im internationalen Vergleich auf den hinteren bis mittleren Plätzen, und zwar sowohl was die Bildungssituation 15-jähriger Schülerinnen und Schüler anbetrifft als auch die der Allerjüngsten, der Kindergartenkinder. Bezogen sich zunächst die Forderungen nach grundlegenden Reformen nur auf Schulen, stehen nun auch Kindergärten und Tageseinrichtungen sowie die gesamte vorschulische Bildung und Elementarerziehung im Zentrum der Reformbestrebungen. Es geht nicht nur darum, mehr Kindergartenplätze zu schaffen, sondern vor allem der Bildung und Erziehung der Jüngsten mehr Aufmerksamkeit zu schenken, die pädagogische Qualität der Einrichtungen zu steigern und Bildungsstandards einzuführen, die auch im internationalen Vergleich bestehen. Bildung umfasst alle Aspekte der frühkindlichen Entwicklung und stellt einen sozialen Prozess dar, der innerhalb der Familie beginnt und im Kindergarten durch gut ausgebildete Fachkräfte fortgeführt, begleitet, unterstützt und gefördert werden muss. Konzeptentwicklung, Qualitätskontolle und -verbesserung sind Vorbedingungen für die Weiterentwicklung des Systems unserer Kindergärten und stellen Schritte in die richtige Richtung dar, denn die Zukunft beginnt im Kindergarten.

Auf den Anfang kommt es an

Neue Erkenntnisse heben die Bedeutung der Elementarpädagogik für den weiteren Lebensweg von Kindern und speziell für ihren Erfolg in der Grundschule hervor (Bundesministerium für Familie, Senioren, Frauen und Jugend 2003). Wesentliche Grundlagen für die Herausbildung von Bildungsbewusstsein und die Grundfähigkeit für komplexes Lernen werden bereits im frühkindlichen Alter gelegt (Fischer 2002). Bildung beginnt vor der Schule, und auch Kindertagesstätten – so die heutige Einstellung – sind schon „Bildungseinrichtungen“, wenn auch mit besonderer Aufgabenstellung (Schäfer 2002). Dort machen Kinder neben ihren familiären ihre ersten institutionellen Bildungserfahrungen, die oft prägend für das ganze Leben sind. Bildung und Erziehung sind eine Einheit und stehen im Dienst der Persönlichkeitsentwicklung, jedoch muss die Gewichtung des Bildungs- und Erziehungsauftrages neu überdacht werden. Bildung entscheidet über persönliche Chancen und ist eine von vielen Bedingungen zur Sicherung von Chancengleichheit, die für Kinder aller sozialen Gruppierungen hergestellt werden muss. Die soziale Benachteiligung von Unterschicht- und Migrantenkindern muss aufgehoben werden, was vor allem durch frühe Sprachstandserfassungen und eine gezielte Sprachförderung geschehen soll. Der sprachlichen Bildung im Elementarbereich wird gegenwärtig eine deutlich höhere Bedeutung als früher zugemessen. „Literacy“ wird angestrebt, d. h. eine Spracherziehung, die alle sprachlichen Kompetenzen umfasst, wie Freude am Zuhören, Vorlesen, Beschreiben, Definieren, Erklären und Deuten (Ulich 2003b).

Seit wenigen Jahren haben sich in den meisten Bundesländern die jeweiligen Kultusministerien und Sozialministerien sowie die kommunalen Landesverbände und auch die kirchlichen Trägerverbände darauf verständigt, gemeinsam für eine Stärkung des Bildungsangebotes für Kindertageseinrichtungen einzutreten und Bildungspläne sowie Leitlinien zum Bildungsauftrag von Kindertagesstätten zu entwickeln. Mehr als bisher sollen strukturierte Bildungsprozesse in den Kindergärten organisiert und das Lernen nicht tabuisiert werden (Fischer 2000). Wenn Kindergärten als Bildungseinrichtungen angesehen werden, dann ist damit nicht eine Verschulung der Elementarpädagogik gemeint, sondern eine intensivere Berücksichtigung der Lernbereitschaft von Vorschulkindern und der Nutzung ihrer „sensiblen Phasen". An erster Stelle steht dabei die Vermittlung lernmethodischer Fähigkeiten und Basiskompetenzen. Der Kindergarten der Zukunft muss eine breite Palette elementarer Grunderfahrungen und Lernfelder bieten (Wehrmann 2003). Gezielter und systematischer als bisher geht es darum, Kinder in allen Entwicklungsbereichen, den sensorischen, motorischen, emotionalen, kognitiven und sprachlichen, zu fördern und zu fordern.

Der Kindergarten nach PISA muss unter Beibehaltung seines Erziehungs- und Betreuungsauftrages seinen Bildungsauftrag neu überdenken und diesen mehr als bisher in den Mittelpunkt rücken. Die Reformbestrebungen der Elementarerziehung und -bildung zielen darauf ab, bessere Startchancen für den Schulanfang zu schaffen, Bildungsanstrengungen zu erhöhen und die Förderung aller Kinder früher und effektiver einsetzen zu lassen. Ein Schritt in diese Richtung sind die in den meisten Bundesländern neu formulierten Bildungsvereinbarungen, die den Erzieherinnen eine konkrete Hilfestellung für ihre pädagogische Arbeit geben. Die ebenfalls in vielen Bundesländern formulierten Schulrechtsänderungsgesetze haben eine Verzahnung von Elementar- und Primarbereich im Blick und streben einen kontinuierlichen Bildungsprozess an, der sich auf Kindergarten und Grundschule gleichermaßen bezieht und für beide Bereiche Veränderungen zur Folge hat. Im Mittelpunkt der schulischen Reformansätze stehen die Einführung einer flexiblen Schuleingangsphase, in der Kinder von einem bis zu drei Jahren verweilen können sowie die Erstellung eines Schulfähigkeitsprofils, das sich an Lehrerinnen und Lehrer wendet und ihnen eine Orientierung für ihre Unterrichtstätigkeit gibt. Auch wenn es nicht die Aufgabe des Kindergartens ist, Schule vorzubereiten, so ist es dennoch u. a. seine Aufgabe Schulfähigkeit der Kinder anzustreben und sie Schlüsselqualifikationen und Basiskompetenzen erwerben zu lassen. Das bedeutet, dass auf Erzieherinnen neue Herausforderungen und Anforderungen zukommen und dass auch die Qualität ihrer Ausbildung neu überdacht werden muss.

Einleitung:

Stärkung des Bildungsauftrags der Kindertagesstätten

Im Unterschied zur Schule ist der Besuch des Kindergartens keine Verpflichtung, sondern ein Recht, das jedem Kind im entsprechenden Alter von staatlicher Seite zugestanden wird. Der Kindergarten stellt ein freiwilliges Angebot neben der Familienerziehung dar. Er hat die Aufgabe, Kinder vom vollendeten dritten Lebensjahr bis zum Beginn ihrer Schulpflicht aufzunehmen, zu betreuen und in ihrer Gesamtpersönlichkeit zu fördern, zu erziehen und zu bilden. Als sozialpädagogische Einrichtung hat der Kindergarten einen eigenständigen Betreuungs-, Erziehungs- und Bildungsauftrag zu erfüllen und grenzt sich damit von der Schule ab, die vorrangig eine Bildungsinstitution ist. Die Aufgabe des Kindergartens ist, weder der Schule zuzuarbeiten und ihr „schulfertige" Kinder „abzuliefern", noch, Kinder schon in Schulfächern üben zu lassen. Vielmehr hat er das Ziel, die Voraussetzungen für Schulfähigkeit zu schaffen, und Kinder so zu erziehen, zu bilden und zu fördern, dass sie beim Schuleintritt aufgeschlossen, selbstständig und gemeinschaftsfähig sind. Sie sollen bis zum Schulübergang und auch noch darüber hinaus Kenntnisse, Fähigkeiten und Fertigkeiten erwerben, welche sie befähigen, die für sie neue und unbekannte Schulumwelt zu erfassen und zu bewältigen. Der Begriff „Bildung" umfasst nicht nur die Aneignung von Wissen und Fertigkeiten, sondern die Förderung der sensorischen, motorischen, emotionalen, ästhetischen, kognitiven, sprachlichen und mathematischen Fähigkeiten. Als Grundlage aller Bildungsprozesse ist die Entwicklung von Selbstbewusstsein, Eigenständigkeit und Identität anzusehen (Ministerium für Schule, Jugend und Kinder, NRW 2004).

Die Eigenständigkeit des Erziehungs- und Bildungsauftrags des Kindergartens ergibt sich aus der Altersstruktur der Kindergartenkinder, ihren bevorzugten Aneignungstechniken des Wissenserwerbs, ihrer besonderen Art, die Umwelt wahrzunehmen und ihre Eindrücke zu verarbeiten, dem handelnden Umgang mit Materialien und dem kindlichen Spiel. Kindergartenkinder lernen weniger durch eindimensionale und gezielte Papier-Bleistift-Aktivitäten als vielmehr durch vielfältiges Erfahren und Erleben und durch Wahrnehmung ihres Körpers. Sie lernen handlungs- und erlebnisbezogen, spielerisch mit allen Sinnen und vor allem über motorische Aktivitäten. Daher wird dem Bewegungsdrang und dem Tobebedürfnis von Kindern sowie dem freien Spiel draußen und drinnen sehr viel mehr Raum gegeben als früher (Zimmer 2004).

In den letzten Jahren sind in vielen Bundesländern sog. Vereinbarungen für Bildung und Erziehung oder auch Leitlinien zum Bildungsauftrag der Kindertagesstätten und sog. Orientierungspläne formuliert worden, die die zukünftige pädagogische Arbeit in den Kindertagesstätten konkretisieren. Sie berücksichtigen die Erkenntnisse psychologischer und pädagogischer Studien und stellen die bislang aktuellste Fassung von Bildungs- und Erziehungskonzepten in der langen Geschichte der Elementarpädagogik dar (Abb. 1).

Neu in den Bildungsvereinbarungen, Leitlinien und Orientierungsplänen für die Arbeit in Kindergärten ist, dass der Begriff der frühen Bildung in den Vordergrund gerückt und damit der Bildungsauftrag gestärkt worden ist sowie dem Übergang Kindergarten – Grundschule mehr Aufmerksamkeit geschenkt wird. Es wird eine enge Zusammenarbeit zwischen beiden Institutionen festgeschrieben und eine Verzahnung zwischen elementarer und schulischer Bildung angestrebt. Schulfähigkeit ist

Abb. 1: Konzepte der Kindergartenpädagogik im Verlauf der Jahre (in Anlehnung an Krenz 2004)

Jahre	Konzepte	
1950–1960	Ort der Betreuung und Bewahrung	
1960–1980	Vielfalt von Ansätzen, auch in Kinderläden, Eltern-Kindgruppen praktiziert	Ort des freien Spielens, laissez-faire Ort des gezielten kognitiven Lernens: frühes Lesenlernen
1980–1990	Ort der Förderung der sozial emotionalen Fähigkeiten (Sozialerziehung)	
1990–2003	Ein Nebeneinander von Ansätzen unter Rückbesinnung auf den „Situationsorientierten Ansatz“	
ab 2003	Bildungsvereinbarungen, Leitlinien, Orientierungspläne: – Förderung der Gesamtentwicklung des Kindes – Stärkung früher Bildungserfahrungen – zentrale Rolle der Sprachförderung	

ein Begriff, auf den beide – sowohl Kindergarten als auch Schule – hinarbeiten, mit der Einschränkung, dass die Erlangung bzw. das Anstreben von Schulfähigkeit ein Ziel unter vielen im Kindergarten ist, während die Schuleingangsphase der Grundschule auf dieses Ziel direkt zusteuert.

In der Debatte um die sog. *Schulvorbereitung* wird oft kritisch eingewandt, dass es nicht Aufgabe des Kindergartens sei, auf die *Schule*, sondern auf das *Leben* vorzubereiten. Dies ist zwar richtig, vernachlässigt aber den Aspekt, dass gerade die bei der Lebensvorbereitung erworbenen Kompetenzen Kinder stark machen, die neuen Anforderungen der Schule erfolgreich zu bewältigen. Außerdem suggeriert eine solche Einstellung, dass Leben und Schule zwei völlig voneinander getrennte Bereiche seien. Auf das Leben vorbereiten beinhaltet jedoch auch eine Vorbereitung auf die Schule, denn das Leben schließt die Schule ein. Schule wird ab dem sechsten Lebensjahr einen großen Teil der kindlichen Lebenszeit einnehmen, daher ist es wichtig, sie so darauf *vorzubereiten*, dass sie den Übergang zur Schule reibungslos bewältigen.

Bei dem Begriff der *Schulvorbereitung* kommt es darauf an, was man darunter versteht. Es ist, wie noch zu zeigen sein wird, kein Einüben schulischer Fertigkeiten wie Lesen, Schreiben oder Rechnen, sondern eine Förderung der Fähigkeiten, die für die weitere Entwicklung der Kinder und auch zukünftigen Schulkinder grundlegend sind und damit auch zur Schulfähigkeit führen. Darunter werden vor allem Schlüsselqualifikationen und Basisfertigkeiten verstanden, auf die in Kapitel 4 näher eingegangen wird. Nicht „Pythagoras im Sandkasten" ist gefragt, sondern es geht darum, das „Fundament" zu „stärken" und „erfolgreich" in der Schule zu „starten" (Breuksch 2004).

Der Titel einer Fachtagung des LWL-Landesjugendamtes, Nordrhein-Westfalen vom Juni 2004 „Hier spielt die Zukunft – Bildung im Kindergarten" drückt zweierlei aus. Erstens: Die Weichen für frühe Bildung, für Entwicklungs- und Lernimpulse werden im Kindergarten gestellt und zweitens: Die Aneignungsform erfolgt spielerisch. Das Spiel selbst ist als Beitrag für Selbstbildungsprozesse von Kindern zu verstehen und hat daher einen ganz besonders hohen Stellenwert (Matenaar und Schubert 2004).

Erzieherinnen, Lehrerinnen und Lehrer haben gemeinsame Aufgaben, nämlich zu erziehen und zu bilden, zu beobachten und zu fördern; der Unterschied besteht darin, dass sie dies mit anderen Inhalten tun, mit anderer Didaktik und anderen Methoden. Gerade am Schulübergang, der für alle Kinder ein wichtiger Schritt in ihrem bisherigen Leben ist, zeigt sich die Überschneidung von Elementar- und Primarpädagogik. Aufgrund der neuen Erkenntnisse zum Schulfähigkeitsprofil und der neu in Grundschulen eingerichteten flexiblen Schuleingangsphase benötigen sowohl Erzieherinnen als auch Lehrerinnen und Lehrer eine Orientierung für ihre Erziehungs- und Bildungsarbeit. Diese Orientierung wird ihnen durch die Bildungsvereinbarungen, Leitlinien und Orientierungspläne sowie durch sog. Schulfähigkeitsprofile gegeben.

Ziel dieses Buches ist es, die Erzieherinnen[1] theoretisch und praktisch darin zu unterstützen, ihren vielfältigen Aufgaben gerecht zu werden, die Schnittstelle von Kindergarten und Grundschule zu nutzen und ihre Erziehungs- und Bildungsarbeit gemäß den Bildungsvereinbarungen auszurichten. Im Vordergrund stehen Beurteilungshilfen für den jeweiligen Fähigkeits- und Entwicklungsstand eines Kindes, Beobachtungs- und auch Fördermöglichkeiten sowie Anregungen für die beratende Elternarbeit.

In einem *ersten Kapitel* wird die Veränderung der Lebenswelt der Kinder beschrieben, in einem *zweiten* werden die neuen Bildungsvereinbarungen der Bundesländer vorgestellt und der Begriff Schulfähigkeitsprofil erläutert. Es handelt sich dabei um jeweils konkrete Handlungsvorschläge für die Bildungsarbeit der Erzieherinnen und Lehrkräfte. Ein *drittes Kapitel* führt in die „flexible Schuleingangsphase“ ein. Das *vierte Kapitel* befasst sich mit den entwicklungspsychologischen Grundlagen des Schulüberganges. Das *fünfte Kapitel* beschreibt die Erzieherin als Beobachterin und Förderin des Kindes und das *sechste Kapitel* die Erzieherin als Gesprächspartnerin der Eltern. In einem *siebten Kapitel* wird auf die Bedeutung der Kooperation zwischen Kindergarten, Schule und Elternhaus in der Frage der

---

[1] Da es zur Zeit weit mehr Erzieherinnen als Erzieher in den Kindertagesstätten gibt, wird auf die männliche Form zugunsten der besseren Lesbarkeit verzichtet. Selbstverständlich sind die Erzieher immer mit gemeint, wenn von Erzieherinnen die Rede ist.

Schulfähigkeit und des Schulbeginns eingegangen. Abschließend werden in einem *achten Kapitel* die neuen Bildungsvereinbarungen für Kindertagesstätten noch einmal gewürdigt und die neuen Anforderungen an die Arbeit der Erzieherinnen sowie die Reformansätze der Erzieherinnenausbildung herausgestellt, die alle das Ziel haben, die pädagogische Qualität in den Tageseinrichtungen für Kinder zu erhöhen. Dieses Buch stellt eine Aktualisierung und Neuformulierung des Buches „Wann ist ein Kind schulfähig?“ (2001) dar.

1 Die veränderte Lebenswelt der Kinder

Sowohl von Erzieherinnen als auch von Lehrern und Lehrerinnen wird immer wieder behauptet, dass Kinder nicht mehr so leicht wie früher zu erziehen seien, sondern dass sie selbstständiger, fordernder, selbstbewusster seien und sich weniger an Regeln hielten. Diese Sichtweise ist berechtigt. Tatsächlich haben sich zum einen die Bedingungen der kindlichen Lebenswelt in vielerlei Hinsicht verändert, zum anderen sind diese Lebenswelten sehr unterschiedlich geworden, so dass Erzieherinnen in ihrer pädagogischen Arbeit viele verschiedene Lebenssituationen von Kindern berücksichtigen müssen, die auch im Hinblick auf die „Schulvorbereitung" zu Konsequenzen, nämlich zu verstärkter Erziehungs- und Bildungsarbeit führen (Bründel 2001).

1.1 Pluralisierung und Individualisierung

Zu den objektiven Veränderungen gehören die Pluralisierung und Individualisierung der Gesellschaft. Damit verbunden ist die sinkende Geburtenrate von Kindern und der Wandel in der Motivation von Paaren, Kinder haben zu wollen. Früher wurde die Entscheidung für oder gegen Kinder pragmatisch und gewissermaßen „selbstverständlich", u. a. nach wirtschaftlichen und versorgungsbezogenen Kriterien, gefällt. Heute geht es eher um „ichbezogene", emotionale und auf Sinngebung des eigenen Lebens ausgerichtete Beweggründe. Auf der einen Seite wollen viele Frauen und Männer im Umgang mit Kindern Fähigkeiten wieder entdecken und Bedürfnisse ausleben, die sie in ihrem Lebensalltag vielfach vermissen. Dazu gehören Geduld und Gelassenheit, Fürsorglichkeit und Einfühlungsvermögen, Zärtlichkeit, Offenheit und Nähe. Auf der anderen Seite findet die Auseinandersetzung mit dem Kinderwunsch oft nach sehr rationalen Kriterien statt. Junge Männer und Frauen überlegen sich heute sehr genau, ob sie ein Kind in die Welt setzen wollen oder nicht, ob sie Selbstverwirklichung mit Kindern oder ohne Kinder wollen, ob sie ihrer Berufstätigkeit den Vorzug geben sollen oder ob ein (Ehe)-Partner, meistens der weibliche, zu Gunsten der Kinder auf die eigene berufliche Karriere verzichten soll. Es wird geprüft, ob der Zeitpunkt für die Geburt eines Kindes auch mit ihrem Lebensrhythmus, ihren Lebenszielen und Lebensvorstellungen zu vereinbaren ist. Die endgültige Entscheidung fällt immer häufiger gegen eigene Kinder aus. Diesem beunruhigenden Trend steht jedoch auch eine andere Beobachtung entgegen: Weibliche Jugendliche wollen nicht auf Familie verzichten, sondern wünschen sich, Familie und Beruf miteinander verbinden zu können. Auch junge Frauen wollen keineswegs von Kindern Abstand nehmen, sie möchten sie nur zu einem späteren Zeitpunkt bekommen und Kinderwunsch mit Berufstätigkeit verbinden. Über die Mutterschaft suchen Frauen oftmals einen Gegenbereich zur Berufswelt, in welcher instrumentelle Vernunft vorherrscht und Gefühle meist störend sind (Hurrelmann und Bründel 2003).

1.2 Wechselnde Bezugspersonen

Im Allgemeinen besuchen drei- bis fünfjährige Kinder bis zur Vollendung des sechsten Lebensjahres den Kindergarten. Sie kommen aus den unterschiedlichsten Familien und haben dort grundverschiedene oder auch ähnliche Erfahrungen gemacht: Sie fühlen sich geliebt oder ungeliebt, umsorgt oder vernachlässigt. In ihren Familien sind eventuell Väter *und* Mütter vorhanden, aber sehr häufig nur Väter *oder* Mütter oder auch Stiefväter *und/oder* Stiefmütter. Oft sind noch Geschwister, leibliche *und/oder* Stiefgeschwister, da, aber häufig auch nicht. Viele Kinder erfahren im Kindergarten zum ersten Mal in ihrem Leben ein Zusammensein mit Erwachsenen *und* Kindern sowie einen geregelten Tagesablauf. Aber erfahren sie wirklich einen geregelten „Tagesablauf"? Wenige Kinder kommen in den Genuss, ausschließlich in ihrer Familie und dem Kindergarten betreut zu werden. In der Regel sind mehrere Betreuungspersonen zeitlich nacheinander in ihren Tagesablauf einbezogen. Sie verbringen – wie im folgenden Beispiel – wenig Zeit in der Kernfamilie und damit der familiären Intimität:

> Anna, 4 Jahre alt, wird morgens von Mama geweckt, beide frühstücken zusammen, Papa ist schon längst zur Arbeit gegangen. Mama bringt Anna in den Kindergarten. Mittags wird sie von der Oma abgeholt. Mama kommt dann schnell zum Mittagessen nach Hause, alle drei essen gemeinsam, dann eilt Mama wieder zur Arbeit. Oma hat auch eine kleine Nachmittagsbeschäftigung, daher verbringt Anna den Nachmittag bei Mamas Schwester, die nur ein paar Häuser weiter wohnt. Gegen 17.00 Uhr wird sie von Mama, manchmal auch schon von Papa abgeholt. Wenn Mama und Papa abends ins Kino gehen möchten, bestellen sie einen Babysitter, das ist meistens Katrin, 14 Jahre alt.

1.3 Multikulturalität

Viele Kindergartengruppen setzen sich heute multikulturell zusammen. Für alle Beteiligten im Kindergarten – Kinder, Eltern und Erzieherinnen – sind multikulturelle Lernprozesse Notwendigkeit und Herausforderung zugleich. Der Kindergarten ist für viele Kinder der erste Ort, an dem sie mit Kindern aus fremden Kulturen und mit anderen Gewohnheiten zusammentreffen und an dem Anforderungen an ihre Verständigungsbereitschaft und -fähigkeit gestellt werden. Erzieherinnen stehen vor der schwierigen Aufgabe, Kinder zu betreuen, zu erziehen und zu bilden, die ein sehr unterschiedliches Sprachniveau aufweisen. Je nach Wohnlage beträgt der Anteil von ausländischen und/oder hier geborenen und nicht bzw. nur schlecht deutsch sprechenden Kindern von Aussiedlern oft bis zu 40–50 % und mehr. Es gibt Kinder, die die deutsche Sprache noch nicht beherrschen, so dass Erzieherinnen häufig versuchen müssen, die Kinder auch durch nonverbale Kommunikationsformen miteinander in Kontakt zu bringen. Die Elternarbeit mit nicht Deutsch sprechenden Eltern ist erschwert, so dass Kreativität und Einfallsreichtum der Erzieherinnen gefragt sind, um trotz der Verständigungsschwierigkeiten eine Kontaktaufnahme zwischen ihnen und den Eltern und auch den Eltern untereinander zu ermöglichen.

1.4 Berufstätigkeit beider Elternteile

Wegen der zunehmenden Berufstätigkeit beider Elternteile ist es notwendig geworden, dass sich der Kindergarten flexibel zeigt und nicht mehr nur am Vormittag oder am Nachmittag geöffnet ist. Eine bedarfsgerechte Betreuungsform erfordert eine Blocköffnungszeit bis mindestens 14.00 Uhr, einschließlich der

Möglichkeit für Kinder, dort das Mittagessen einzunehmen. Das hat allerdings auch manchmal zur Folge, dass Eltern den Kindergarten als willkommenen „Aufbewahrungsort“ für ihre Kinder in der Zeit ihrer Berufstätigkeit betrachten. Viele Eltern haben dazu auch häufig nicht die Zeit und vielleicht auch nicht immer die entsprechende Einstellung, sich in der Elternmitarbeit so zu engagieren, wie Erzieherinnen es sich wünschen. Das erschwert die Arbeit der Erzieherinnen, deren Aufgabe es auch ist, mit Eltern eng zusammenzuarbeiten, denn nur durch eine gute und vertrauensvolle Zusammenarbeit können Wertvorstellungen und Erziehungseinstellungen zwischen Elternhaus und Kindergarten abgesprochen und aufeinander abgestimmt werden.

Die Berufstätigkeit beider Elternteile wirkt sich auch auf elterliche Erziehungsideale aus. Der heutigen Elterngeneration geht es vor allem um die Selbstständigkeit ihrer Kinder. Ihnen werden heute größere Handlungsspielräume und weit mehr Entscheidungsmacht als früher zugestanden. Eltern wollen ihren Kindern ausreichend Impulse für die Persönlichkeitsentwicklung geben, aber sie wollen sie auf keinen Fall dabei bevormunden, ihnen Vorschriften machen oder sie auch nur im Geringsten einengen. Das ist für Eltern häufig eine schwierige pädagogische Gratwanderung zwischen Anleitung und Unterstützung auf der einen und Gewährenlassen auf der anderen Seite. So bemerkenswert diese Erziehungsideale von Eltern auch sind, entspringen die Selbstständigkeitsanforderungen an ihre Kinder allerdings nicht selten ihren ganz konkreten Eigeninteressen, wie zum Beispiel durch Selbstständigkeit und Unabhängigkeit der Kinder mehr Zeit für sich zu haben und mehr ihren persönlichen Neigungen nachgehen zu können. Und manchmal überfordern Eltern sich selbst, wenn sie versuchen, die Persönlichkeit ihres Kindes zu respektieren, seine Selbstständigkeit zu stärken und mit ihm dabei auch noch zu diskutieren und zu verhandeln. Auch Kinder sind überfordert, wenn ihnen Entscheidungen zugemutet werden, deren Tragweite sie nicht absehen können und wenn ihnen Verantwortung für sich selbst und andere übertragen wird, ohne ihnen gleichzeitig den nötigen Halt und die entsprechende Unterstützung zu geben. Die Überlastung der Eltern liegt darin, dass sie ihre eigenen Kräfte und kommunikativen Kompetenzen häufig überschätzen, sich hilflos fühlen, vor den Argumenten der Kinder kapitulieren und keine klaren Grenzen mehr setzen (Hurrelmann und Bründel 2003).

1.5 Vom Erziehungs- zum Beziehungsverhältnis

Das „Erziehungsverhältnis" zwischen Eltern und Kindern wandelt sich in vielen Familien in ein „Beziehungsverhältnis", das von einem ständigen Aushandeln der Wünsche, Bedürfnisse, Umgangsregeln und Grenzen geprägt ist. Dies führt zur Erwartung auf Seiten der Kinder, in ihren Bedürfnissen von Erwachsenen nicht nur berücksichtigt und wahrgenommen zu werden, sondern auch im Mittelpunkt zu stehen und möglichst sofortige Bedürfnisbefriedigung zu erlangen. Daraus resultiert häufig eine Unfähigkeit, je nach Situation und Gegebenheit, auch einmal zurückzustecken und auf eigene Ansprüche vorübergehend zu verzichten. Erzieherinnen spüren die Erwartungs- und Anspruchshaltung der Kinder, und es ist für sie nicht immer leicht, ein vernünftiges Maß zwischen Berücksichtigung der Interessen des einzelnen Kindes und dem aller Kinder zu finden. Erzieherinnen können und müssen Grenzen setzen. Sie haben es jedoch schwerer als früher, Regeln aufzustellen und für deren Einhaltung zu sorgen. Viele Kinder sind Regeleinhaltung und Konsequenzen nicht mehr gewohnt und müssen erst wieder langsam dahin geführt werden.

Manche Eltern äußern in ihren Erziehungsvorstellungen, „Partner“ ihres Kindes sein zu wollen. Kinder werden aber durch ein „Partner-Verhältnis“ zu den Eltern emotional überlastet und sind mit dieser Rolle emotional überfordert. Sie können elterliche Beziehungsprobleme nicht lösen, denn sie haben genug mit sich selbst zu tun. Elkind (1994) stellt die These auf, dass Kinder heute deshalb nicht mehr Kinder sein könnten, weil Eltern den Stress, den sie selbst in Partnerschaft und Beruf erleiden, unmittelbar an sie weitergäben. Kinder seien – so die Argumentation – als Statussymbol, als Partnerersatz, als Vertraute und als Ersatz-Ich gefragt, mit dieser Rolle aber entwicklungsgemäß überfordert. Durch die starke emotionale Belastung hätten sie keine Zeit mehr, „abhängig“, „unselbstständig“ und „verspielt“ zu sein. Genau dies, allerdings im besten Sinne, möchte der Kindergarten wieder erreichen. Hier sollen die Kinder spielen können, spielend und handelnd ihre Umwelt begreifen und erobern. Natürlich wird auch ihre Selbstständigkeit gefördert – dies ist eine der zentralen Erziehungsaufgaben des Kindergartens –, allerdings nicht um der Erwachsenen willen, sondern um die Kinder zu befähigen, sich selbst eigene Ziele zu setzen und diese auch zu erreichen.

1.6 Reizüberflutung

Die Veränderung der kindlichen Lebensbedingungen zeigt sich auch darin, dass die Grenzen zwischen den Generationen durch Massenmedien, die Erwachsenen und Kindern gleichermaßen zugänglich sind, immer durchlässiger werden. Dieser Gedanke wird besonders von Postman (1995) vertreten, für den vor allem das Fernsehen ein „Medium der totalen Enthüllung“ ist, das alle Geheimnisse lüftet, Kindern zugänglich macht und damit eine „Technologie des freien Eintritts“ darstellt. Es besteht bei den Kindern ein Missverhältnis zwischen eigenen und medial vermittelten Erfahrungen, das zu einer Erlebnisverarmung führt. Mehrstündiger täglicher Medienkonsum ist auch bei Kindergartenkindern keine Seltenheit. Falsche Sitzhaltung, motorische Störungen und Sinnesüberreizungen sind die Folgen. Viele Kinder haben Schwierigkeiten, sich mit sich selbst zu beschäftigen und kreativ mit wenig Material zu spielen. Als Reaktion der Kindergartenpädagogik auf Überreizung und Übersättigung der Kinder mit Umweltreizen kann der Versuch mancher Erzieherinnen angesehen werden, in einigen Kindergärten generell Spielzeug ganz abzuschaffen, damit die Kinder lernen, sich wieder auf sich selbst zu besinnen und ihre kreativen Kräfte zu mobilisieren.

1.7 Résumé

Kindheit hat sich also in der Tat in vielen Punkten verändert. Der Kindergarten übernimmt vielfach kompensatorische Funktionen für Defizite der elterlichen Erziehung, so dass man sehr gut verstehen kann, dass Erzieherinnen und Lehrerinnen und Lehrer den Eindruck haben, dass „alles“ schwieriger geworden ist. Es ist heute nicht mehr selbstverständlich, dass Kinder aus vollständigen Familien kommen, dass beide Eltern leiblich sind, dass Kinder leibliche Geschwister haben, dass sie ganztägig von ihren Müttern oder Vätern versorgt werden können, dass sie die deutsche Sprache sprechen, dass Eltern Zeit haben, sich in der Kindergartenarbeit zu engagieren, dass Kinder Regeln von zu Hause aus kennen und sich daran halten, dass Kinder gelernt haben, friedlich zu streiten und sich wieder zu vertragen und dass Kinder zum freien Spiel und zu freier Beschäftigung fähig sind.

Diese Veränderungen führen auch zu einer Veränderung in der Erziehungs- und Betreuungsarbeit der Erzieherinnen. Sie müssen sich auf Kinder einstellen, die aufgrund vielfältig wechselnder Betreuungspersonen kein Urvertrauen erworben haben, die sehr viel Zuwendung benötigen, die geringe soziale Fertigkeiten im Umgang mit anderen Kindern erworben haben, die sich einerseits zwar schon sehr selbstständig und unabhängig geben, sich andererseits jedoch emotional noch sehr kleinkindlich verhalten. Dies hat Auswirkungen auf die gesamte Erziehung während der Kindergartenzeit und damit auch auf die Förderung der Schulfähigkeit der Kinder. Aufgrund der großen Unterschiede in den Lebensbedingungen, den Lebenssituationen der einzelnen Kinder und Lebensstilen der Familien müssen sich die Erzieherinnen stärker als früher auf jedes einzelne Kind einstellen, es beobachten, begleiten, individuell fördern und unterstützen; eine Aufgabe, die für Erzieherinnen nicht leicht zu bewältigen ist und die durch vermehrte Anforderungen von Eltern in Bezug auf Erziehung und Förderung und durch elterliche Beratungswünsche zum Thema Schulfähigkeit ihrer Kinder noch komplexer geworden ist.

Die gesellschaftlichen Veränderungen haben u. a. auch die Schere der Schulfähigkeit von Kindern weit auseinander klaffen lassen, so dass die einen trotz gleichen Alters schulfähiger sind als die anderen. Die neuen schulrechtlichen Bestimmungen schaffen die Voraussetzungen dafür, dass sechsjährige „schulpflichtige" aber noch nicht „schulfähige" Kinder eingeschult werden können ebenso wie fünfjährige „schulfähige", aber noch nicht „schulpflichtige" Kinder. Eine flexible Schuleingangsphase sorgt dafür, dass alle Kinder gemäß ihrem individuellen Lerntempo gefördert werden.

2 Bildungsvereinbarungen und Schulfähigkeitsprofil

Kindergarten und Grundschule nähern sich in ihren Erziehungs- und Bildungskonzepten insofern einander an, als der eine gegen Ende der Kindergartenzeit die Frage der Schulfähigkeit von Kindern und der notwendigen Förderung näher in seinen Blick nimmt und der andere genau dieses zu seinen vorrangigen Aufgaben in den ersten Jahren nach Schulbeginn erklärt. Schule macht dort weiter, wo die Arbeit des Kindergartens endet, beide versuchen, einen nahtlosen Übergang zu schaffen. Die Bandbreite des Entwicklungsstandes der geistigen, emotionalen und sozialen Fähigkeiten sowie der individuellen Lernvoraussetzungen von Kindern vor und nach der Einschulung ist jedoch groß. Diese Erfahrung machen nicht nur Lehrerinnen und Lehrer in der Grundschule, sondern auch die Erzieherinnen im Vorschulbereich. Viele Kinder kommen mit ganz unterschiedlichen Voraussetzungen und Erfahrungen in den Kindergarten, und sie verlassen ihn auch wieder mit sehr individuellen Fähigkeitsprofilen. Durch den Kindergartenbesuch erhalten zwar alle Kinder vielfältige Anregungen, erweitern und vertiefen ihre Kenntnisse, ihr Wissen, ihre Fähigkeiten und Fertigkeiten, aber es werden nie alle Kinder am Ende ihrer Kindergartenzeit ein einheitliches Niveau erreichen. Das Endniveau ist bei gleicher Förderung, wenn es diese überhaupt gibt, auch immer vom Ausgangsniveau der Kinder abhängig. Ein und dieselbe Förderung für alle kann es nicht geben, sondern nur eine differenzierte und auf die individuellen Voraussetzungen der Kinder abgestimmte.

2.1 Die Bildungsvereinbarungen

In fast allen Bundesländern gibt es derzeit Aktivitäten zur verstärkten Bildungsarbeit in Kindertagesstätten. Hierzu wurden entsprechende Empfehlungen, Rahmenpläne oder Hilfestellungen für Erzieherinnen entwickelt, die ihren Niederschlag in Bildungsvereinbarungen, Bildungsplänen und Leitlinien gefunden haben[1]. Sie stellen die vorschulische Bildungsarbeit auf neue Grundlagen, d. h. sie verstärken sie und geben ihnen einen größeren Stellenwert. Sie betonen die Kontinuität des Bildungsprozesses und verdeutlichen, dass Bildungsarbeit während der gesamten Kindergartenzeit erfolgen muss. Die Betonung des letzten Kindergartenjahres bezieht sich überwiegend auf die Gestaltung des Überganges zur Schule, jedoch auch auf die Abschätzung der Schulfähigkeit der Kinder durch die Erzieherinnen sowie ihrer Entscheidung, ob noch eine spezielle Förderung nötig ist oder nicht (Strätz 2004). Die Bildungsaufgaben skizzieren die Bandbreite der pädagogischen Handlungsmöglichkeiten der Erzieherinnen. Es handelt sich dabei um Zieldefinitionen in Hinblick auf die Persönlichkeitsentwicklung von Kindern und um konkrete, detaillierte Hinweise für die pädagogisch-methodische Arbeit im Elementarbereich. Die Ausgestaltung der Bildungsvereinbarungen ist länderspezifisch, zeigt aber neben Unterschieden auch viele Gemeinsamkeiten, wie die folgende Auswahl zeigt:

- Im Berliner Bildungsprogramm werden als Ziele Ich-Kompetenzen, soziale Kompetenzen, Sachkompetenzen und lernmethodische Kompetenzen genannt. Die Bildungsaufgaben der Erzieherinnen sind nicht begrenzt auf didaktisch geplante Angebote, sondern beziehen sich konkret auf die Gestaltung

---

[1] Eine Zusammenstellung aller Bildungspläne der Länder siehe unter www.verdi.de

des Alltags, auf Spielanregungen und Spielmaterial, Arbeit in Projekten, auf Raumgestaltung und Materialausstattung sowie auf Beobachtung und Dokumentation als ständige Aufgabe (Senatsverwaltung für Bildung, Jugend und Sport 2004).

- In Nordrhein-Westfalen beinhalten die Bildungspläne Bildungsbereiche wie Bewegung, Spielen und Gestalten, Sprache, Natur und kulturelle Umgebung, wobei den Selbstbildungspotenzialen von Kindern eine besondere Bedeutung beigemessen wird. Kinder treiben ihre Entwicklung selbst aktiv voran und machen ihre Wahrnehmungserfahrungen über Körpersinne, Feinsinne und über Gefühle. Sie verarbeiten ihre Erlebnisse durch Eigenkonstruktionen und durch Fantasie, durch sprachliches und durch naturwissenschaftlich-logisches Denken, durch soziale Beziehungen und Beziehungen zur sachlichen Umwelt, durch Umgang mit Komplexität und Lernen in Sinnzusammenhängen. Bildung ist ein aktiver, sozialer und sinnlicher Prozess (Ministerium für Schule, Jugend und Kinder des Landes NRW 2004).
- Brandenburg führt über die nordrhein-westfälischen Bildungsbereiche hinaus noch die Bildungsbereiche Musik und soziales Leben sowie Körper und Gesundheit auf und gibt konkrete und detaillierte Hinweise zur pädagogischen Förderung und Begleitung (Ministerium für Bildung, Jugend und Sport, Brandenburg 2004).
- Niedersachsen nennt in seinem Orientierungsplan für Bildung und Erziehung folgende Lernbereiche und Erfahrungsfelder: Emotionale Entwicklung und soziales Lernen, Entwicklung kognitiver Fähigkeiten und Freude am Lernen, Körper – Bewegung – Gesundheit, Sprache und Sprechen, lebenspraktische Kompetenzen, Mathematisches Grundverständnis, Ästhetische Bildung, Natur und Lebenswelt, ethische und religiöse Fragen. Der Orientierungsplan nennt in konzentrierter Form die fachlichen Anforderungen an die

sozialpädagogische Praxis der Erzieherinnen, ohne ihnen jedoch im Einzelnen vorzuschreiben, wie sie konkret fördern sollen. Die Inhalte der einzelnen Lernbereiche kommen keineswegs Schulfächern gleich, sondern ermöglichen Kindern, sich selbsttätig und handelnd mit ihrer Umwelt auseinander zu setzen. Die Aufgabe der Erzieherinnen ist es, sie darin aktiv zu unterstützen. Im Orientierunsplan werden nach jeder Beschreibung der Lernbereiche und Erfahrungsfelder jeweils Anregungen zur Reflexion und Bildungsbegleitung gegeben (Niedersächsisches Kultusministerium 2005).

- Der bayrische Bildungs- und Erziehungsplan beruft sich ausdrücklich auf die Zeit der Kinder von ihrer Geburt bis zur Einschulung und betont die Notwendigkeit der Hilfestellung bei der Bewältigung von Übergängen, z. B. Familie-Kindergarten oder Kindergarten-Schule (Bayrisches Staatsministerium für Arbeit und Sozialordnung, Familie und Frauen 2003).

Die in den Bildungsvereinbarungen angegebenen Bildungsbereiche können nicht getrennt voneinander betrachtet und bearbeitet werden, sie durchdringen sich wechselseitig. Die getrennte Aufzählung dient der Reflexion der Erzieherinnen bei der Planung und Auswertung ihrer Arbeit; für das ganzheitliche Erleben und Lernen der Kinder sowie die Aneignung ihrer Lebenswelt durch Spielaktivitäten hat sie keine Auswirkung. Fast alle Bildungs- und Orientierungspläne der einzelnen Länder vermerken die Bedeutung der Erziehungspartnerschaft mit den Eltern, beschreiben fachliche Anforderungen an das pädagogische Personal und betonen die Dokumentation und Evaluation als wichtiges Mittel zur Qualitätssicherung und Qualitätssteigerung der pädagogischen Arbeit. Damit wird deutlich, dass sich die Bildungsarbeit in den Kindergärten, sowohl was die rechtlichen Grundlagen als auch die pädagogisch-inhaltliche Arbeit grundlegend verändert hat und in Zukunft auch mehr als zuvor im

Blickpunkt des öffentlichen Interesses stehen wird. Die Reformbestrebungen lassen sich auf die neuen Erkenntnisse der Hirnforschung zurückführen.

2.2 Neue Erkenntnisse der Hirnforschung

Die Bedeutung der frühen Kindheit für die Entwicklung der Persönlichkeit ist heute unbestritten. Neurophysiologische Forschungen haben die Diskussion um die frühpädagogische Förderung neu entfacht. Während man lange Zeit geglaubt hatte, dass sich Lern- und Bildungsprozesse im Vorschulbereich quasi von selbst einstellen würden, ist man heute, vertrauend auf Erkenntnisse der Hirnforschung, ganz anderer Ansicht. Forschungsergebnisse zeigen, dass sich verschiedene Teile der Hirnrinde mit unterschiedlicher Geschwindigkeit entwickeln und in ganz bestimmten Lebensphasen auf Anregungen und Informationen aus der Umwelt angewiesen sind (Bensel und Haug-Schnabel 2004). Das Gehirn ist – im Unterschied zum Computer – keineswegs fertig vernetzt, sondern gestaltet sich bedingt durch Umwelteinflüsse, Anregungen und Impulse bis in seine morphologischen und funktionellen Strukturen hinein ständig neu (Lüpke 2004).

Entsprechend benötigt das Gehirn in verschiedenen Phasen unterschiedliche Informationen aus der Umwelt, um sich optimal weiter zu entwickeln. Das „richtige“ Angebot an Reizen ist notwendig (Kasten 2003). Die frühen Jahre mit den Möglichkeiten der Entstehung „neuronaler Netzwerke“ dürfen nicht verschenkt werden. (Abb. 2).

Abb. 2: Zeitfenster (Singer 2003)

Das Rechte muss zur rechten Zeit angeboten werden

Diese Phasen nennt man sensible Phasen oder auch Zeitfenster, sie spielen z. B. bei der Entwicklung der Sprache und der Motorik eine große Rolle, aber auch beim Erwerb mathematischer und musikalischer Fähigkeiten. Je mehr Erfahrungen ein Kleinkind durch Tun und Handeln erwirbt, desto mehr Synapsen bilden sich in seinem Gehirn. Die Verbindungen zwischen den Nervenzellen werden um so komplexer, je mehr Reize durch die Sinnesorgane zum Gehirn gelangen (Zimmer 2003b).

Der neueren Gehirnforschung ist die Erkenntnis zu verdanken, dass gerade die frühe Kindheit eine Zeit der allergrößten Bildungsfähigkeit ist und dass die Lern- und Aufnahmefähigkeit von Kindergartenkindern größer als bisher angenommen ist. Kinder lernen dann am meisten, wenn sie „selbstwirksam", „selbstbildend" und „aktiv" beteiligt sind. Vorschulkinder sollen nicht pauken, aber sie sollen Antworten auf die Fragen erhalten, die sie stellen und sie sollen ausreichend Gelegenheit haben, die Welt zu entdecken und sie sich aktiv anzueignen (Bründel und Hurrelmann 2003).

Gisbert, Ladwig und Wörz (2002) sowie Gisbert (2003) stellen ein anspruchsvolles Konzept dar, in dessen Mittelpunkt sog. metakognitive Lernmethoden stehen. Diese können auch schon bei Kindergartenkindern eingesetzt werden, damit sie vom Tun zum Wissenserwerb gelangen. Kinder brauchen Wissen, um sich in ihrer Welt zurecht zu finden und sich ein Bild zu machen, wie diese Welt um sie herum gemacht ist. Die Autoren gehen davon aus, dass der Begriff des Wissens sich geändert hat und sich maßgeblich von dem unterscheidet, was alltagssprachlich unter Wissen verstanden wird. Wissen beinhaltet sowohl inhaltliches Basiswissen als auch personale, soziale und lernmethodische Kompetenzen. Für die Anschlussfähigkeit des Lernens ist das inhaltliche Basiswissen von großer Bedeutung. Personale und soziale Kompetenzen ermöglichen überhaupt erst das Lernen und schaffen die Bereitschaft zum Lernen. Lernmethodische Kompetenzen umfassen die Fähigkeit, mit der Fülle der Informationen zurecht zu kommen und sich immer wieder neue Inhalte anzueignen. Es geht um Prozesse des Verstehens und um die Suche nach Sinn und Bedeutung. Der Begriff der Metakognition spricht das Nachdenken über das eigene Denken an und betont die Bewusstheit von Lernprozessen, die notwendig ist, damit Lernen stattfinden kann. Der metakognitive Ansatz lässt den alten Gegensatz von spielorientiertem und eher schulorientiertem Lernen verschwinden und stellt eine dritten Weg dar, auf dem Kinder das Lernen lernen. Zu wissen, wie man lernt und sich etwas aneignet, kann als Schlüsselqualifikation und Grundvoraussetzung für Schulfähigkeit angesehen werden.

Kinder können und wollen mehr lernen, als ihnen bislang in Kindergärten zugetraut worden ist. Das ist der Kern der Erkenntnisse, die sich auf neueste Studien aus der Hirnforschung stützen (Singer 2002, 2003a,b). Donata Elschenbroich (2001, 2003) stellt die Frage, was sechs- bis siebenjährige Kinder wissen sollten. Sie entwirft eine Wunschliste für ein „Weltwissen" der Kinder, die nicht als Lernzielkatalog misszuverstehen ist, sondern als ein offener Kanon von Bildungserlebnissen, die es Kindern ermöglichen, sich auf das Leben in einer sich ständig verändernden Welt vorzubereiten. Die Jahre vor der Schule sind eine ideale Zeit für die Aneignung eines solchen Weltwissens. Elschenbroich setzt sich dafür ein, dass der Wissensdrang, die Neugier und auch das naturwissenschaftliche Interesse von Kindergartenkindern mehr als bisher gefördert werden und Kindergärten in Labors, Ateliers und Wälder verwandelt werden sollten, denn Kinder erfahren die Welt nicht als etwas Vorgefundenes, sondern sie „erfinden" sie „neu". Sie hält ein Plädoyer gegen mögliche Langeweile und Monotonie in deutschen Kindergärten.

Es kann nicht genug betont werden, dass es nicht darum geht, den Kindergarten zum Prügelknaben für die Defizite und Versäumnisse der Schulpolitik zu machen und auch nicht darum, Kindergartenkinder pauken und üben zu lassen, ihnen die Grundrechenarten, das Lesen und Schreiben beizubringen, sondern in erster Linie, ihr Interesse für diese Dinge zu wecken (Abb. 3).

Abb. 3: Interesse als übergeordnetes Ziel (Kammermeyer 2003)

Das Interesse der Kinder wecken ist das oberste Ziel

Jedes Kind muss in seinem Leben entweder bei Vollendung des sechsten Lebensjahres mit Eintritt der Schulpflicht oder, wenn es schulfähig ist, auch schon vor dem sechsten Lebensjahr den Übergang in die Grundschule bewältigen. Für jedes Kind stellt die Schulfähigkeit eine zentrale Entwicklungsaufgabe dar (Schmidt-Denter 2002). Welches sind die wichtigsten Schulfähigkeitskriterien? Dies ist eine der zahlreichen Fragen, die gerade nach den PISA-Studien neu diskutiert werden müssen. Wie Kammermeyer (2000, 2001) zeigt, betonen Erzieherinnen und Lehrerinnen und Lehrer in ihren Schwerpunktsetzungen gleichermaßen die Bedeutung der Wahrnehmung, des Sprachverhaltens, des Sozialverhaltens und der Konzentration. Sowohl Erzieherinnen und Lehrkräfte der Grundschulen halten die Mengenerfassung und die Gliederungsfähigkeit nicht für so wichtig. Dies ist ein großer Irrtum, denn neuere Untersuchungen zum Schulerfolg haben gezeigt, dass gerade die Fähigkeiten der Mengenerfassung und der akustischen und visuellen Gliederungsfähigkeit auch zu den sog. Vorläuferfähigkeiten zählen und von großer Bedeutung für die Fragestellung Schulfähigkeit und Schulerfolg sind (Krajewski 2005).

Erzieherinnen richten in ihrer alltäglichen Arbeit ihren Blick auf die Gesamtpersönlichkeit des Kindes und werfen damit einen „Blick in die Breite", aber daneben ist auch – so Kammermeyer (2003) – ein „Blick in die Tiefe" nötig, und dieser richtet sich auf die Vorläuferfähigkeiten, die, in viel stärkerem Maße als bisher angenommen, den Erfolg im Lesen, Schreiben und Rechnen mitbestimmen.

2.3 Die Bedeutung der Vorläuferfähigkeiten

Es handelt sich dabei um Vorerfahrungen, die im Zusammenhang mit Buchstaben, Lauten und mit Mengen und Zahlen stehen. Lesen, Schreiben und Rechnen beruhen auf Entwicklungsprozessen, die lange vor Schulbeginn einsetzen und lange nach Schulbeginn fortgesetzt werden. Es gibt Vorläuferfähigkeiten für den Schriftspracherwerb, die Lesekompetenz und die Mathematik. Die beiden ersteren werden vor allem durch das Niveau der Verbo-Senso-Motorik und der phonologischen Bewusstheit geprägt, eine Erkenntnis, die schon vor mehr als zehn Jahren von Breuer-Weuffen (1990) und Thewald (1994) gewonnen wurde. Die phonologische Bewusstheit wird auch heute wieder als zentrale Voraussetzung für den Schriftspracherwerb angesehen. Sie zeigt sich in folgenden Fähigkeiten: „Wörter in Silben gliedern, Reime erkennen und Laute heraushören" (Kammermeyer 2004, 9)

Defizite oder Entwicklungsrückstände in phonologischer Bewusstheit sind trainierbar und damit aufholbar. Ein solches Trainingsverfahren stellt z. B. auch das Bielefelder Screening dar (Jansen, Mannhaupt, Marx und Skowronek 1999), das schon seit mehreren Jahren erfolgreich von Erzieherinnen in Kindertagesstätten eingesetzt wird. Damit können vorschulisch mehr als zwei Drittel der Risikokinder im 2. Schuljahr vorhergesagt werden. Ähnlich gute Erfolge wurden auch mit der Differenzierungsprobe (Breuer-Weuffen 2000) erzielt.

Die Konsequenzen lauten: Nicht erst in der Schule, sondern schon im Kindergarten sollten geeignete Trainings durchgeführt werden und dort Bestandteil der Elementarpädagogik sein. Martschinke, Kirschhock und Frank (2004) haben erst kürzlich ein neues Verfahren zur Diagnose und Förderung des Schriftspracherwerbs entwickelt, das auch schon bei Vorschulkindern eingesetzt werden kann. Aber auch ohne gezielte Trainingsverfahren kann phonologische Bewusstheit gestärkt und gefördert werden. Erfahrene Erzieherinnen haben dies immer schon anhand von Fingerspielen, Singspielen, Abzählversen, Reimen etc. gemacht. Es geht darum, Kinder mit Sprache, Wort- und Satzmelodien vertraut zu machen, ihr Gehör zu schulen und ihnen ein Gespür für Laute und Klänge zu vermitteln.

Der Zusammenhang zwischen dem Ausprägungsgrad der Vorläuferfähigkeiten und dem späteren Schulerfolg bezieht sich auch auf die Lesekompetenz. Sie stellt die Basis für alle anderen Schulleistungen dar und lässt sich ebenfalls auf Entwicklungsprozesse zurückführen, die lange vor der Schule beginnen. Leselust und Lesebegeisterung bilden sich über das Vorlesen heraus, eine Tätigkeit, die in Familie und Kindergarten nicht genug durchgeführt werden kann. Die Erlebnisse, die sich mit Vorlesen und Anschauen von Bilderbüchern, mit Kinderliedern und Kinderreimen verbinden, sind Ausgangspunkt der literarischen Entwicklung von Kindern (Ulich 2003). Kinderbücher gehören in Familien und Kindergärten zur Grundausstattung und sollten intensiv genutzt werden. Eine immer größere Anzahl von Kindern, die in die Schule kommen, verfügen über Defizite in ihrer lautsprachlichen Kompetenz (sprachliche Grundfertigkeiten, Artikulation, Grammatik, akustische Differenzierungsfähigkeit) oder weisen gar Sprach- oder Hörstörungen auf.

Das Äquivalent zur phonologischen Bewusstheit im mathematischen Bereich ist das mengen- und zahlenbezogene Vorwissen, wobei es vor allem um das Ordnen und Klassifizieren von Gegenständen, um Mengenerfassung und Zuordnungen geht.

Krajewski (2005) spricht von „Mengenbewusstheit von Zahlen" und meint damit die Verknüpfung von Mengen- und Zahlenwissen. Das vorschulische Wissen um Mengen und um Zahlen umfasst die Fähigkeiten zur Seriation, zum Mengen- und zum Längenvergleich. Diese haben eine große Bedeutung für die Früherkennung der Rechenschwäche (Dyskalkulie) und ist durchaus im vorschulischen Bereich trainierbar. Schulischen Rechenschwierigkeiten kann durch geeignete Förderprogramme vorgebeugt werden. Aber auch hier geht es wie bei der Sprachförderung mehr um den spielerischen Umgang mit Zahlen, Mengen und Gegenständen und um das Vertrautwerden mit Relationen größer/kleiner, dicker/dünner, mehr und weniger.

Abb. 4: Die spezifischen Vorläuferfähigkeiten im Überblick
(in Abwandlung nach Kammermeyer 2004, 9)

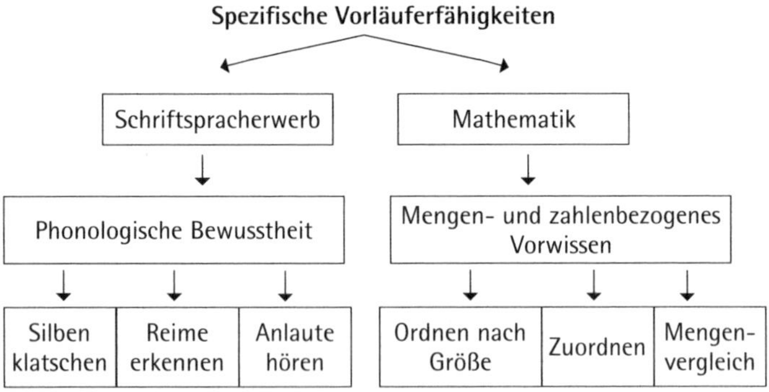

Neben diesen eher kognitiven Vorläuferfähigkeiten sind auch Fähigkeiten zur Bewältigung von ungewohnten Situationen sehr wichtig, und als eine solche ungewohnte Situation kann der Übergang eines Kindes vom Kindergarten zur Schule bezeichnet werden. Alles ist fremd und neu: die Lehrerin, die Klassenkameraden, die Räumlichkeiten, der Schulweg. Kinder brauchen eine gehörige Portion Selbstsicherheit und Selbstvertrauen, um diese Situation zu meistern. Opp, Fingerle und Freytag (1999) sowie Wustmann (2003) stellen sich die Frage „Was Kinder stärkt" und greifen damit auf Ergebnisse der Resilienzforschung zurück, wonach es auf ganz bestimmte Widerstandkräfte ankommt, um sich nicht unterkriegen zu lassen, um nicht Ängste oder gar Panik zu entwickeln. Resilienz bedeutet, mit belastenden Lebensumständen und Situationen umgehen zu können. Resilienz beinhaltet ein hohes Maß an Selbstvertrauen, Sozialkompetenz und Lernbereitschaft. Es ist das Ergebnis eines Prozesses, der von Geburt an beginnt und im Leben eines Menschen nie abgeschlossen ist. Resilienz ist nicht mit stabiler Immunität oder Unverwundbarkeit gleichzusetzen, auch resiliente Kinder können Enttäuschungen, Kränkungen, Verluste erleben, tief traurig und sogar verzweifelt sein, aber sie finden aus depressiven Stimmungen wieder heraus, besinnen sich auf ihre Ressourcen, ihre ureigenen Fähigkeiten oder nehmen die Hilfe anderer in Anspruch, lassen sich helfen und haben dabei das Gefühl, ihre Umwelt beeinflussen zu können und ihr keineswegs hilflos gegenüberzustehen. Resiliente Kinder haben die Erfahrung gemacht, dass sie Stress, ungewohnte Situationen bewältigen können, dass es Personen gibt, die ihnen dabei helfen, sie haben Vertrauen zu anderen Menschen und zu sich selbst. Sie sind selbstbewusst und haben ein positives Selbstkonzept.

Resilienz gehört zu den Bewältigungsfähigkeiten, die gerade beim Übergang vom Kindergarten in die Grundschule hilfreich sind. Daher ist es auch Aufgabe des Kindergartens, die Kinder darin zu unterstützen, diese Fähigkeiten zu entwickeln. Dies geschieht durch Stärkung der Gesamtpersönlichkeit, durch Zulassung von Eigeninitiative, Aktivität und Kreativität. Folgende Basiskompetenzen können und sollten schon im Kindergarten gefördert werden (Abb. 5):

Abb. 5: Förderung von Resilienz (nach Wustmann 2003, 28)

- Förderung von Problemlösefertigkeiten und Konfliktlösungstrategien
- Förderung von Eigenaktivität und Verantwortungsübernahme
- Förderung positiver Selbsteinschätzung
- Förderung der kindlichen Selbstregulation
- Förderung von Empathie und Perspektivübernahme
- Stärkung prosozialer Beziehungen

Diese Förderung kann nicht in Form von Trainings geschehen, sondern sollte in die alltägliche Erziehungs- und Bildungsarbeit von Kindern eingebettet sein. Wichtig dabei sind die Interaktionsmuster zwischen Erzieherinnen und Kindern, wobei eine vertrauensvolle, konstante und verlässliche gute Beziehung die Voraussetzung ist, damit sich Basiskompetenzen der Kinder entwickeln können. Es darf dabei nicht vergessen werden, dass die Eltern die wichtigsten Bezugspersonen für ihre Kinder sind und dass die sichere und stabile Bindungsbeziehung zwischen Eltern und Kindern der größte Schutzfaktor bleibt.

Die Förderung von Vorläuferfähigkeiten ist eine ganz zentrale Aufgabe von Erzieherinnen im Kindergarten und kann für das angestrebte Ziel Schulfähigkeit nicht hoch genug eingeschätzt werden.

2.4 Der Schulfähigkeitsbegriff

In der Geschichte der Einschulungsdiagnostik stellen die Begriffe „Schulreife" und „Schulfähigkeit" Meilensteine dar, die weit voneinander entfernt liegen. Jahrzehntelang ging man ausschließlich vom Konzept der Schulreife aus und damit von der Annahme innerer Reifungsvorgänge im Kind, die sich erst mit Erreichung eines bestimmten Lebensalters in etwa bei allen Kindern gleich vollzögen. Der Umwelt wurde nur ein geringer Bedeutungswert zugeschrieben und darauf vertraut, dass jedes Kind zu irgendeinem Zeitpunkt, man müsse nur lange genug warten, die „Schulreife" erlangen würde. Aufgrund der Reifungstheorie wurde das Schulalter in den 50er und 60er Jahren zweimal heraufgesetzt (Kammermeyer 2003).

Diese Vorstellung wurde dann durch das Modell von „Schulfähigkeit" ersetzt. Der Begriff der Schulfähigkeit berücksichtigt die Unterschiedlichkeit von Kindern gleichen Alters bei gleichem Förderangebot und geht davon aus, dass Kinder je nach Ausgangslage und Lebensbedingungen auf Anreize, Hilfen und Unterstützung unterschiedlich reagieren und daher zu unterschiedlichen Zeitpunkten mehr oder weniger schulfähig sind. In den 70er Jahren war man von der Wirkung und dem Nutzen kognitiver Förderung überzeugt, und man maß den Anregungen und den Reizen der Umwelt eine sehr große Bedeutung zu. In den 80er Jahren kam der Begriff der „Schulbereitschaft" dazu, der eine hohe Wertschätzung der motivationalen und sozialen Faktoren enthielt.

Ein anderes, sehr komplexes Verständnis von Schulfähigkeit bezieht sich auf eine ökologisch-systemische Sichtweise, die die Wechselwirkung zwischen den Fähigkeitsmerkmalen eines Kindes und den Anforderungskriterien der Grundschule betont (Nickel und Schmidt-Denter 1995). Damit wird von der individuumszentrierten Vorstellung abgerückt, dass Schulfähigkeit nur eine Eigenschaft des Kindes sei. Statt dessen wird angenommen, dass viele Faktoren zur Schulfähigkeit beitragen, die im Zusammenspiel von Kindergarten, Familie und Schule zu finden seien (Petillon 2004).

Nickel und Schmidt-Denter (1995) benennen drei Komponenten des Schulfähigkeitsmodells: das Kind, die Schule und die Ökologie (Abb. 6).

Abb. 6: Die drei Komponenten des Schulfähigkeitskonzeptes

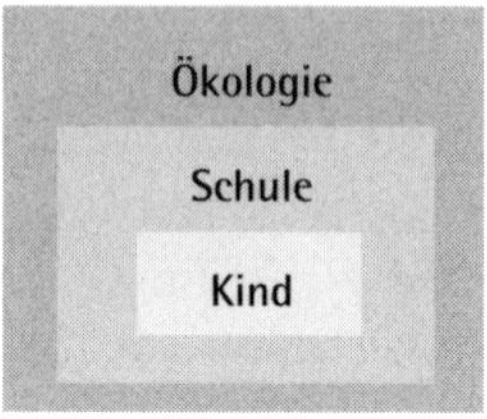

Damit ist Schulfähigkeit nicht nur vom Kind abhängig und nicht allein am Kind festzumachen, sondern Schulfähigkeit eines bestimmten Kindes wird auch immer zugleich von dem Bildungsangebot des Kindergartens und der betreffenden Grundschule, ihrer beider Erwartungen, der Gruppen- und Klassenzusammensetzung sowie der Erzieher- und Lehrerpersönlichkeit bestimmt. Unter Ökologie wird die Lern- und Lebensumwelt des Kindes verstanden, darunter fallen u. a. auch die Anregungen, die es bis zur Einschulung in seiner Familie und im Kindergarten erhalten hat. Schulfähigkeit ist keine feststehende Größe, auch kein Normmaß, das nur mit Tests zu ermitteln wäre, sondern eine vermutete „Passung" zwischen den Lernvoraussetzungen, die ein Kind mitbringt, und den Lernanforderungen der Schule (Barth 1996). Ob die Schulfähigkeit eines Kindes gegeben ist, kann also nur unter Berücksichtigung aller Faktoren und aller Bedingungen individuell entschieden werden. Die Erarbeitung der Schulfähigkeit ist die gemeinsame Aufgabe von Familie, Kindertagesstätte und Grundschule und kann als das Ergebnis eines Aushandlungsprozesses angesehen werden. Für Kinder stellt sich das Ziel, zur Schulfähigkeit zu gelangen, als eine zentrale Entwicklungsaufgabe dar. Die Bewältigung dieser Aufgabe muss nicht wie früher angenommen zu einem bestimmten und für alle Kinder gleichermaßen festgelegten Zeitpunkt geschehen, sondern kann und darf sich individuell auch in einem größeren Zeitraum vollziehen (Burk, Mangelsdorf und Schoeler 1998; Burk 2003; Faust-Siehl 2001; Kammermeyer 2003, 2004).

In der neuen Literatur zum Schulfähigkeitsbegriff zeigt sich die Tendenz, auf jede Schuleingangsdiagnostik zu verzichten und statt dessen alle schulpflichtigen Kinder fristgerecht aufzunehmen (Faust-Siehl 2001). Die früher übliche Frage: „Wann ist ein Kind schulfähig?" (Bründel 2001) muss folgerichtig in die Frage „Wie werden Kinder schulfähig?" umformuliert werden. Um schulfähig zu werden, benötigen Kinder kontinuierlich Förderung, die mit ihrem Eintritt in den Kindergarten beginnt und sich in der Schule fortsetzt. Der Begriff der „Förderdiagnostik" besagt, dass Stärken und Schwächen von Kindern permanent erfasst werden, und zwar sowohl im Kindergarten als auch in der Schule. Ziel ist es, Kinder so zu fördern, dass sie entsprechende Lernvoraussetzungen erwerben und den jeweiligen Anforderungen genügen können. Konkret heißt das, Zurückstellungen vom Schulbesuch nur noch in krankheitsbedingten Ausnahmefällen zuzulassen und alle schulpflichtigen Kinder unabhängig von ihrem augenblicklichen Fähigkeits- und Fertigkeitsstand einzuschulen.

Langjährige Erfahrungen haben gezeigt, dass Kinder desselben Alters bis zum Schuleintritt sehr unterschiedliche Voraussetzungen aufweisen, die zum einen auf unterschiedliche Begabungen zurückzuführen sind, zum anderen auf unterschiedliche Förderungen, die sie in ihren Familien und auch im Kindergarten erfahren haben. Es gibt Kinder, die mit sechs Jahren schon lesen und schreiben sowie im Zahlenraum bis zwanzig rechnen können. Daneben finden sich Kinder, die dies noch nicht können und dazu noch keine oder nicht hinreichende Sprachkenntnisse haben. Auf alle diese Kinder müssen Schulen demnächst pädagogisch sinnvoll reagieren. Eine Hilfe dafür stellt das Schulfähigkeitsprofil dar.

2.5 Das Schulfähigkeitsprofil

In Nordrhein-Westfalen ist das Schulfähigkeitsprofil für die Arbeit in der Grundschule entwickelt worden. Es geht von der Vielfalt und Unterschiedlichkeit der Entwicklungsprofile von Kindern zum Zeitpunkt der Einschulung aus. Es wird eine kontinuierliche individuelle Förderung sowohl im Kindergarten als auch in der Schule angestrebt. Ziel ist es nicht, sie alle auf einen gleichen Entwicklungs- und Fähigkeitsstand zu bringen, sondern sie vielmehr in ihrer Ausgangslage so zu akzeptieren, wie sie sind, um dann individuelle Förderpläne für sie zu entwerfen. Das Schulfähigkeitsprofil stellt „eine Brücke zwischen Kindergarten und Grundschule“ dar und stellt „die Kompetenzbereiche zusammen, die nach dem heutigen Stand der Wissenschaft als grundlegende Voraussetzung für erfolgreiches Lernen gelten“ (RdErl. des Ministerium für Schule, Jugend und Kinder, NRW 2003). Es definiert die Kompetenzbereiche Sprache, Motorik, Wahrnehmung, personale und soziale Fähigkeiten sowie elementares mengen- und zahlenbezogenes Wissen und Erschließung der Lebenswelt (Natur und Leben). Das Schulfähigkeitsprofil gibt den Lehrkräften in den Grundschulen konkrete Hilfestellung und Unterstützung bei der Erstellung von Förderplänen, die vor allem auch für diejenigen Kinder gedacht sind, die noch nicht über ausreichende Schulfähigkeit verfügen. Lehrerinnen und Lehrer sollen ihre pädagogische Arbeit nach den Anforderungen des Schulfähigkeitsprofils ausrichten.

Mit den Bildungsvereinbarungen, deren Adressaten Erzieherinnen sind, und dem Schulfähigkeitsprofil, das sich an Lehrerinnen und Lehrer der Grundschule wendet, wird deutlich, dass beide Einrichtungen – der Elementar- und der Primarbereich – gemeinsam Bewältigungsfähigkeiten der Kinder stärken, so dass sie für den Schulübergang gut gerüstet sind und diesen gut bewältigen können.

3 Die flexible Schuleingangsphase

In Deutschland lag das durchschnittliche Einschulungsalter in den vergangenen Jahren bei sechs Jahren und acht Monaten, so dass man davon ausgehen kann, dass nicht wenige Kinder den siebten Geburtstag bei der Einschulung schon hinter sich hatten. Deutschland befand sich in den vergangenen Jahren europaweit immer am oberen Ende der Alterspanne: In Großbritannien, Irland, Luxemburg und den Niederlanden wurden Kinder schon seit längerem bereits mit fünf Jahren eingeschult, in Dänemark allerdings erst mit sieben. Eine große Differenz zeigt sich nicht nur im europäischen Ländervergleich, sondern auch innerhalb Deutschlands (Abb. 7).

Abb. 7: Vorzeitige und verspätete Einschulungen in den Bundesländern, in Prozent

Länder	Art der Einschulung	2000	2001	2002	2003
Baden-Württemberg	vorzeitig	0,8	8,0	8,8	9,9
	verspätet	6,5	6,4	6,2	5,8
Bayern	vorzeitig	4,3	1,9	1,3	9,0
	verspätet	4,4	3,2	4,1	4,0
Berlin	vorzeitig	5,8	6,4	7,4	8,9
	verspätet	10,5	9,1	8,4	6,2
Brandenburg	vorzeitig	3,1	4,0	6,1	6,5
	verspätet	7,7	6,2	8,5	8,0

Länder	Art der Einschulung	2000	2001	2002	2003
Bremen	vorzeitig	14,1	3,3	11,8	17,5
	verspätet	12,2	2,3	9,0	4,9
Hamburg	vorzeitig	7,9	8,8	9,7	10,9
	verspätet	5,6	5,0	4,0	3,8
Hessen	vorzeitig	8,9	5,7	6,7	11,4
	verspätet	7,8	8,3	8,3	6,5
Mecklenburg-Vorpommern	vorzeitig	2,0	2,7	2,7	2,7
	verspätet	14,6	12,9	11,7	10,2
Niedersachsen	vorzeitig	5,1	5,8	6,7	7,5
	verspätet	7,7	7,8	7,2	6,4
Nordrhein-Westfalen	vorzeitig	3,6	4,1	5,4	6,8
	verspätet	6,6	6,4	5,9	4,9
Rheinland-Pfalz	vorzeitig	3,7	4,3	5,1	5,9
	verspätet	7,4	6,9	6,7	5,4
Saarland	vorzeitig	5,5	6,4	7,0	8,2
	verspätet	3,8	3,5	2,8	2,7
Sachsen	vorzeitig	1,4	1,6	2,0	2,3
	verspätet	13,6	12,6	10,5	9,6
Sachsen-Anhalt	vorzeitig	2,0	2,0	2,3	2,5
	verspätet	7,7	5,3	4,3	4,2
Schleswig-Holstein	vorzeitig	4,7	5,4	6,5	6,3
	verspätet	9,1	8,4	7,1	7,1

[1] einschließlich Berlin

Länder	Art der Einschulung	2000	2001	2002	2003
Thüringen	vorzeitig	1,5	1,9	2,6	1,8
	verspätet	7,3	5,8	5,9	4,9
Alte Länder	vorzeitig	4,2	4,9	5,7	8,4
	verspätet	6,5	6,4	6,0	5,3
Neue Länder[1]	vorzeitig	2,9	3,4	4,1	4,5
	verspätet	10,4	9,1	8,4	7,2

Quelle: Statistisches Bundesamt, Schulstatistik, 2005

Wie Abb. 7 zeigt, wurde die Einschulungspraxis, was die Anzahl der vorzeitigen und verspäteten Einschulungen anbetrifft, bis 2003 in den einzelnen Bundesländern sehr unterschiedlich gehandhabt. Es gibt Länder wie Baden-Württemberg, die mit 0,8 % im Jahre 2000 nur sehr wenige Schulkinder vorzeitig einschulten (mit der im Vergleich zu den anderen Bundesländern geringsten Anzahl) und Länder wie Bremen, die in demselben Jahr mit 14,1 % schon eine sehr hohe Anzahl von Schulkindern (die höchste von allen anderen Ländern) vorzeitig einschulten. Auffallend ist, dass alle Bundesländer, mit Ausnahme von Mecklenburg-Vorpommern, Schleswig-Holstein und Thüringen, die Anzahl ihrer vorzeitigen Einschulungen bis zum Jahr 2003 kontinuierlich erhöhten, Bayern und Bremen sogar in einem sehr erstaunlichen Ausmaß, ja sogar in einem sprunghaften Anstieg. Bei den verspäteten Einschulungen zeigt sich die umgekehrte Tendenz, d. h. in allen Ländern mit Ausnahme von Brandenburg nimmt die Anzahl der verspätet eingeschulten Kinder kontinuierlich ab. Weiterhin zeigt Abb. 7 deutliche Unterschiede zwischen den alten und neuen Bundesländern. In den neuen Bundesländern werden von 2000 bis 2003 erheblich weniger Kinder als in den alten Bundesländern mit einer eher schwach ansteigenden Tendenz vorzeitig eingeschult und erheblich mehr Kinder mit einer schwach abfallenden Tendenz verspätet eingeschult.

Es gibt außerdem große Unterschiede in der frühzeitigen Einschulung von Jungen und Mädchen. Es werden überall fast doppelt so viele Mädchen wie Jungen frühzeitig eingeschult. Jungen zeigen – dies wird in allen entsprechenden Untersuchungen bestätigt – eine größere Anfälligkeit für Sprachstörungen, neurologische und psychosomatische Störungen, Verhaltensauffälligkeiten im sozialen und emotionalen Bereich sowie für psychopathologische Symptome wie Stottern, Einnässen usw. (Döpfner, Lehmkuhl u. a. 2000; Deutsch und Wenglorz 2001). Sie weisen häufiger als Mädchen Verzögerungen in ihrer Entwicklung auf und werden daher seltener als Mädchen frühzeitig eingeschult. Die Konsequenz, die daraus gezogen werden müsste, lautet (Abb. 8):

Abb. 8: Konsequenzen aus dem unterschiedlichen vorschulischen Entwicklungsstand von Jungen und Mädchen

- Mehr Förderung für Jungen in den Kindergärten!
- Nicht Jungen sind, was ihren vorschulischen Entwicklungsstand anbetrifft, das starke, sondern das schwächere Geschlecht.
- Jungen benötigen mehr Unterstützung.

3.1 Maßnahmen zur Veränderung der Einschulungspraxis

Die in der Vergangenheit erfolgte Festlegung der Schulpflicht auf das Alter von sechs Jahren entspricht zwar dem statistischen Durchschnitt, wird jedoch Kindern in ihrer individuellen Entwicklung nicht immer gerecht. Manche Kinder sind lange vor Vollendung ihres sechsten Lebensjahres schulfähig, manche auch danach noch nicht. Da sich kindliche Lebens- und Erfahrungsräume und damit auch das Entwicklungsprofil von Schulanfängern in den letzten Jahrzehnten verändert haben, hat die Kultusministerkonferenz schon am 24.10.97 an alle Kultusministerien bzw. Senatsverwaltungen und Behörden der Bundesländer die Empfehlung herausgegeben, den Stichtag des bis dahin geltenden 30. Juni als allgemeinen Richtwert zwar beizubehalten, aber auch die Zeitspanne zwischen dem 30. Juni und 30. September, innerhalb derer die Kinder das 6. Lebensjahr vollendet haben sollten, zu berücksichtigen. Darüber hinaus – so die Empfehlung – sollen in begründeten Ausnahmefällen auch schon diejenigen Kinder vorzeitig eingeschult werden, die erst nach dem 31. Dezember sechs Jahre alt werden, sofern sie die erforderlichen körperlichen, geistigen, emotionalen und sozialen Voraussetzungen besitzen. Für Kinder, die trotz ihrer sechs Jahre noch nicht die nötige Schulfähigkeit aufwiesen, gab es bis zum Schuljahr 2004/2005 noch die Zurückstellung in den Schulkindergarten, der jedoch in den meisten Bundesländern mit dem Schuljahr 2005/ 2006 zugunsten der flexiblen Schuleingangsphase abgeschafft wurde.

Die Empfehlung vom 24.10.97, der bis heute Bayern, Baden-Württemberg, Nordrhein-Westfalen und Bremen gefolgt sind, berücksichtigt den individuellen Entwicklungsstand von Kindern weit mehr als bisher. Zu einem flexiblen Schulbeginn, der nicht mehr die starre Altersgrenze von sechs Jahren für alle Kinder verbindlich festsetzt, gehört die Akzeptanz „frühzeitiger" Einschulungen und macht Zurückstellungen vom Schulbesuch überflüssig. Dies hat in vielen Bundesländern, so auch in Nordrhein-Westfalen, zum Schulrechtsänderungsgesetz vom 1.8.2003 geführt, das unter dem Namen „Flexible Schuleingangsphase" bekannt geworden ist. Es geht über alle bisherigen Erweiterungen des Begriffs „Schulfähigkeit" hinaus und definiert ihn als eine dynamische und sich entwickelnde Fähigkeit, die herbeizuführen eine gemeinsame Aufgabe von Erzieherinnen in Kindergarten und Kindertagesstätten, von Lehrerinnen und Lehrern in der Grundschule sowie von Eltern in der Familie ist. Die Entwicklung von Schulfähigkeit eines Kindes setzt die vertrauensvolle Zusammenarbeit zwischen allen drei Sozialisationsinstanzen voraus.

Die neuen Erkenntnisse zur Schulfähigkeit basieren auf der Überzeugung, dass „frühe Bildung sich als ein kohärenter Prozess" versteht, „der den Elementarbereich und die Schuleingangsphase umfasst" (Breuksch 2004). Sie tragen auch den vielfach geäußerten Wünschen von Eltern und Lehrerinnen und Lehrern der Grundschulen nach Aufhebung der starren Altersgrenzen Rechnung. Viele Eltern begrüßen es, dass ihren Kindern ein weicher, d. h. kontinuierlicher Übergang vom Kindergarten zur Grundschule ermöglicht und ihnen ein damit verbundener größerer Zeitraum zur Verfügung gestellt wird, in dem sie sich an die neue Umgebung gewöhnen und zur Schulfähigkeit gelangen können. Das erfordert, dass sich die Grundschule den Lernvoraussetzungen der Kinder anpasst, sich dabei ausschließlich an ihrem augenblicklichen Entwicklungsstand orientiert und sie stetig und individuell fördert. In der letzten Konsequenz hat dies zur Folge, dass Eltern nicht mehr wie bisher vor Schulbeginn die bange Frage „Ist mein Kind schulfähig" (Krenz 2003) stellen müssen, sondern darauf vertrauen können, dass sich die Schulfähigkeit ihrer Kinder auch noch nach Schulbeginn einstellen kann. Damit dies gelingt, müssen Didaktik und Methodik der Grundschule sowie ihre Unterrichtsorganisation verändert werden (Faust-Siehl 2001).

In den letzten Jahren haben fast alle Bundesländer Veränderungen in der Einschulungspraxis vorgenommen, die ihren Niederschlag in Erlassen oder Schulrechtsänderungsgesetzen gefunden haben und weitreichende Konsequenzen für die Einschulungspraxis haben. Im Folgenden soll die Einschulungspraxis einzelner ausgewählter Länder ausführlicher beschrieben werden, wobei der Fokus zunächst auf Nordrhein-Westfalen (NRW) liegt. Das nordrhein-westfälische Schulrechtsänderungsgesetz vom 1.8.2003 sieht Maßnahmen vor, die den Änderungen in Brandenburg, Berlin, Schleswig-Holstein und Thüringen mit einigen Variationen entsprechen. Ein Blick auf Berlin, Baden-Württemberg, und Schleswig-Holstein soll die Darstellung abrunden.

Nordrhein-Westfalen:

Mit dem Rahmenkonzept „Bildung und Erziehung stärken" hatte die Landesregierung NRW schon vor längerer Zeit angekündigt, den Start in der Grundschule durch eine Flexibilisierung der Schuleingangsphase erfolgreicher zu gestalten. Dieses Konzept berücksichtigt die „Empfehlungen zum Schulanfang" der Kultusministerkonferenz von 1997 und greift Schulversuche in NRW und anderen Bundesländern auf. Eine Reihe von Grundschulen hatte in den letzten Jahren schon damit begonnen, den Schulanfang integrativ, d. h. ohne Überweisung in den Schulkindergarten und jahrgangsübergreifend zu gestalten. Sie arbeiteten mit den bewährten Formen der Individualisierung und Differenzierung. Ihre Erfahrungen wurden daher in dem Prozess, die Schuleingangsphase in den Grundschulen unseres Landes zu verändern, genutzt und haben letztendlich seit dem 2. Juli 2003 zum Schulrechtsänderungsgesetz geführt, das nicht nur formale, sondern auch inhaltliche und strukturelle Änderungen vorsieht und damit auch ein Umdenken in der Vorschul- und Grundschulpädagogik erfordert.

Was bleibt bestehen und was ändert sich?

Nach wie vor bleibt es in Nordrhein-Westfalen beim Stichtag „30 Juni“, bis zu dem ein im nächsten Schuljahr einzuschulendes Kind das 6. Lebensjahr vollendet haben sollte. Wie auch vor dem Schulrechtsänderungsgesetz können auch jetzt jüngere Kinder, also schon 5-jährige, eingeschult werden, wenn sie die kognitiven, emotionalen und sozialen Voraussetzung für den Schulbeginn erfüllen, doch nun mit größerer Legitimation und nicht mehr als Ausnahmeerscheinung mit hohem bürokratischen Aufwand. Die Änderungen, die sich aus dem Schulrechtsänderungsgesetz vom 8.7.2003 für Nordrhein-Westfalen ergeben, beziehen sich auf folgende Aspekte (Abb. 9):

Abb. 9: Schulrechtsänderungsgesetz, Ministerium für Schule, Jugend und Kinder des Landes NRW

- Alle schulpflichtigen Kinder werden nach der Stichtagsregelung eingeschult
- Fünfjährige Kinder können eingeschult werden
- Orientierung am Schulfähigkeitsprofil
- Durchführung von Informationsveranstaltungen für Eltern von Vierjährigen
- Vorgezogener Zeitpunkt der Anmeldung zur Schule
- Erfassung der Lernausgangslage, speziell des Sprachstandes
- Abschaffung der Schulkindergärten bzw. ihre Integration in die Grundschule

- Einrichtung einer jahrgangsübergreifenden Schuleingangsphase mit einer inhaltlich und didaktisch und methodisch stärkeren individuellen Förderung

Auch in diesem Schulrechtsänderungsgesetz wird die Schulpflicht auf ein bestimmtes Alter, nämlich sechs Jahre, festgelegt, jedoch unabhängig vom augenblicklichen individuellen Entwicklungsstand der Kinder, d. h. es ist durchaus möglich, dass darunter Kinder sind, die noch nicht schulfähig sind. Diese Kinder sollen dann in den ersten Grundschuljahren schulfähig werden.

Neu in Nordrhein-Westfalen, wie auch in Berlin, Brandenburg, Sachsen und Thüringen, ist der Wegfall der Schulkindergärten ab 2005 bzw. ihre Integration in die Grundschulen. Leiterinnen und Leiter der bisherigen Schulkindergärten arbeiten mit neuem Arbeitszuschnitt in der Schuleingangsphase eng mit Lehrerinnen und Lehrern der Grundschulen zusammen. Es soll kein Kind mehr vom Schulbesuch zurückgestellt werden. Zurückstellungen erfolgen nur noch in Ausnahmefällen, z. B. bei erheblichen gesundheitlichen Bedenken. Alle schulpflichtigen Kinder sollen aufgenommen und entsprechend ihren Lernvoraussetzungen in der Eingangsphase der Grundschule gefördert werden.

Die jahrgangsübergreifende flexible Schuleingangsphase

Eine weitere einschneidende Neuerung ist die Einrichtung einer jahrgangsübergreifenden flexiblen Schuleingangsphase von ein bis drei Jahren, d. h. es findet eine Umstellung vom Jahrgangsklassensystem auf das pädagogische Konzept der jahrgangsgemischten Lerngruppe statt (Christiani 2005). Kinder verschiedenen Alters lernen gemeinsam, wobei die Altersbandbreite relativ groß sein kann. Es gibt verschiedene Modelle der Jahrgangsmischung, entweder von Klasse 1 bis 3 oder auch von Klasse 1 bis 4. Die jahrgangsübergreifende Lerngruppe knüpft an die bekannte Gruppenbildung im Kindergarten (Drei- bis Sehsjährige) an. Die pädagogischen Vorzüge liegen im Lernen voneinander. Die Kleinen lernen von den Großen, die Großen helfen den Kleinen, jüngere Kinder orientieren sich an den Verhaltensmustern der Älteren, das soziale Miteinander wird gestärkt. Jahrgangsübergreifend zu unterrichten, ist eigentlich nichts grundsätzlich Neues und knüpft an die Peter Petersen- und Montessori-Pädagogik an. Neu ist, dass die dort gemachten positiven Erfahrungen nun Bestandteil der Grundschulreform geworden sind und immer mehr Grundschulen sich dieses Prinzip zu eigen gemacht haben. Christiani (2005) lässt erfahrene Lehrerinnen und Lehrer berichten, wie sie die Umstellung vorbereitet, die Lernumgebung gestaltet, welche Riten und Rituale sie eingeführt, wie sie den Unterricht geplant, welche Differenzierungskonzepte sie erarbeitet und wie sie die Eltern mit einbezogen haben. Insgesamt sind die Erfahrungen positiv und ermutigend.

Kinder, die schnell lernen, durchlaufen die Eingangsphase innerhalb eines Jahres, Kinder, die langsamer lernen, können bis zu drei Jahren in der flexiblen Schuleingangsphase verweilen, ohne dass ihnen die zusätzlich benötigte Zeit auf die Schulpflicht angerechnet wird. Dies basiert auf der Erkenntnis, dass der Begriff der Schulfähigkeit nicht als ein statischer, sondern als ein flexibler aufzufassen ist. Die Orientierung geschieht nicht mehr wie früher üblich am Lebensalter oder an einem bestimmten feststehenden Lernstand des Kindes, sondern an einem Entwicklungs- und Förderzeitraum.

Konkret heißt das, dass in der jahrgangsübergreifenden flexiblen Schuleingangsphase sowohl Kinder unterschiedlichen Alters mit günstigen Lern- und Entwicklungsvoraussetzungen und auch mit besonderen Begabungen gemeinsam mit Kindern lernen, deren Schulfähigkeit nicht ausreichend ausgeprägt ist. Die Vielfalt der kindlichen Voraussetzungen bestimmt den Unterricht. In der jahrgangsübergreifenden flexiblen Schuleingangsphase werden die Lernziele und Lernwege individualisiert und die Lernmaterialien differenziert. Schon zu Beginn sollen Kinder eigenverantwortlich lernen und ihr Lerntempo selbst bestimmen. Es wird kein Durchschnittsniveau festgeschrieben (Christiani 2005).

Die individuelle Verweildauer in der jahrgangsübergreifenden flexiblen Schuleingangsphase bietet jeder Schülerin und jedem Schüler die Chance, am Lerngegenstand mit der notwendigen Zeit zu verweilen. Dies, so hat sich gezeigt, ist effektiver, als ein gesamtes Jahr an einer separierten Förderung teilzunehmen oder ein Jahr zu wiederholen, um Defizite auszugleichen (Christiani 2004).

Viele Bundesländer haben in den letzten Jahren Reformprojekte zur jahrgangsübergreifenden flexiblen Schuleingangsphase auf den Weg gebracht. Eine konsequente Vereinheitlichung der Einschulungspraxis gibt es dennoch zur Zeit nicht. Ein Vergleich der Einschulungspraxis der Länder untereinander ist schwierig, da die Länder unter den einzelnen Begriffen jeweils etwas Unterschiedliches verstehen, so z. B. unter den Begriffen „Stichtagsflexibilisierung“ oder auch „flexible Schuleingangsphase“. Unter ersterer verstehen manche Länder nur eine begrenzte Ausweitung über den Stichtag (30. Juni) hinaus, andere wiederum eine Ausweitung bis zu einem Jahr (z. B. Sachsen-Anhalt), wonach Fünfjährige nach Entscheidung der Schulleitung generell aufgenommen werden können. Unter letzterem, der „flexiblen Schuleingangsphase“, wird die zeitlich gestaffelte Einschulung als pädagogisches Prinzip verstanden, jedoch in verschiedenen Organisationsformen in den einzelnen Bundesländern verwirklicht, so z. B. in Nordrhein-Westfalen:

„Die Klassen 1 einer zweizügigen Schule werden am Ende des 1. Schuljahres in vier Gruppen aufgelöst. Diesen vier Gruppen werden vier Gruppen von neu aufgenommenen Kindern zugeordnet. Demnach gibt es bezogen auf die Jahrgangsstufen 1 und 2 nicht mehr wie früher jeweils zwei jahrgangsbezogene Klassen, sondern vier jahrgangsübergreifende Lerngruppen" (Ministerium für Schule, Jugend und Kinder, NRW 2004).

In Berlin sieht die jahrgangsübergreifende Schuleingangsphase folgendermaßen aus (Abb. 10):

Abb. 10: Beispiel einer jahrgangsübergreifenden Schuleingangsphase (Senatsverwaltung für Bildung, Jugend und Sport 2004, Berlin)

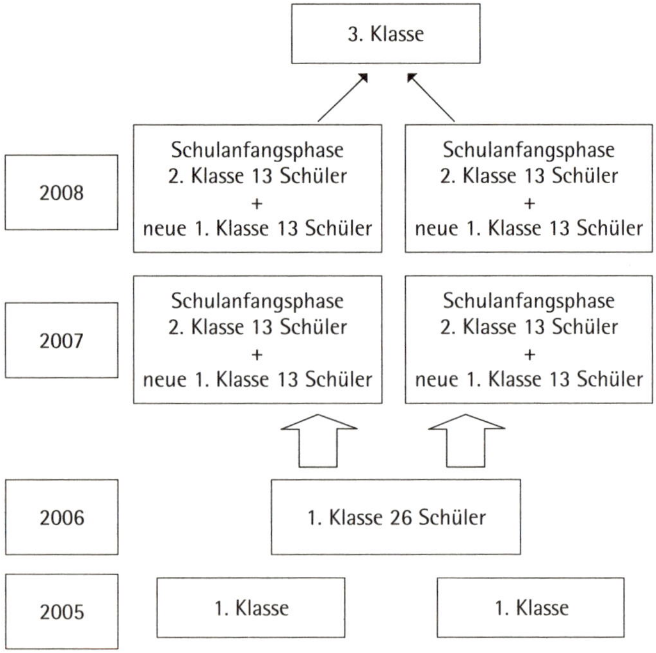

Baden-Württemberg:

Das Projekt „Schulanfang auf neuen Wegen“ Baden-Württembergs geht auf eine lange Erprobungsphase (seit 1996) zurück und wird wissenschaftlich begleitet. Es hat das Ziel, das durchschnittliche Einschulungsalter der Kinder, das bis dahin sehr hoch war, zu senken, d. h. Kinder früher einzuschulen und Zurückstellungen überflüssig zu machen. Dies ist, wie Abb. 7 S. 45/46 zeigt, auch außerordentlich gut gelungen. Die Zahl der frühzeitigen Einschulungen ist mit 0,8 % im Jahr 2000 auf 9,9 % im Jahr 2003 angestiegen und die Zahl der verspäteten Einschulungen von 6,5 % auf 5,8 % gesunken. Das Projekt sieht eine Stichtagsflexibilisierung vor. Ab dem Schuljahr 2005/2006 wird der Stichtag vom 30. Juni auf den 31. Juli verlegt, wobei der Zeitraum bis einschließlich 30. Juni des Folgejahres erweitert wird. Kinder, die in diesem Zeitraum das sechste Lebensjahr vollenden, können von ihren Eltern ohne bürokratische Hürden zur Schule angemeldet werden. Voraussetzung ist die Schulfähigkeit des Kindes, über die der Schulleiter entscheidet, gegebenenfalls unter Zuhilfenahme eines pädagogisch-psychologischen und eines ärztlichen Gutachtens. Das baden-württembergische Projekt besteht aus mehreren Modellen (Abb. 11):

Abb. 11: Unterschiedliche Modelle des Projekts „Schulanfang auf neuen Wegen“ (Ministerium für Kultus, Jugend und Sport Baden Württemberg 2001)

Modell **A1**	Die Klassen 1 und 2 werden zu je einer jahrgangsgemischten Lerngruppe zusammengefasst. Die Kinder können dort bis zu drei Jahren verweilen.
Modell **A2**	In der jahrgangsgemischten Eingangsstufe werden zwei Einschulungstermine pro Schuljahr angeboten: einer regulär, ein zweiter im Frühjahr.

Modell **B1**	Es handelt sich um eine Grundschulförderklasse, die eng mit dem 1. Schuljahr verzahnt ist. Ein flexibler Übergang während des Schuljahres ist möglich.
Modell **B2**	Dort, wo eine Grundschulförderklasse eingerichtet ist, kommen förderbedürftige Kinder ein halbes Jahr vor ihrer Schulpflicht in die Grundschulförderklasse. Sie werden regulär eingeschult und erhalten zusätzlich zum Unterricht ein halbes Jahr Förderung in der Grundschulförderklasse
Modell **C**	Erprobung von Einzelmaßnahmen, Erweiterte Kooperation mit dem Kindergarten.

Ziel der Projekte zur jahrgangsübergreifenden Schuleingangsphase ist die individuelle Förderung von schneller und langsamer lernenden Kindern. Die Projekte basieren auf dem Grundsatz, dass nicht das Kind zu einem bestimmten Zeitpunkt schulfähig sein, sondern dass die Schule ihren Schulanfang auf die Fähigkeiten der Kinder abstimmen muss. Ob ein Kind schulfähig ist bzw. wird oder nicht, hängt nicht allein von seinem momentanen Entwicklungsstand ab, sondern ebenso von der Schule, ihrer Unterrichtsgestaltung, ihrer Didaktik und Methodik. Schule, so wird gefordert, muss auf die Entwicklungslage jedes einzelnen Kindes eingehen und ihm die individuell nötige Zeit zum Lernen geben (Ministerium für Kultus, Jugend und Sport, Baden-Württemberg 2001). Nicht Homogenisierung der Lerngruppen wird angestrebt, sondern ein Zulassen von Heterogenität, also Vielfalt und Unterschiedlichkeit mit der Möglichkeit der Differenzierung. Alle Projekte fördern die unbürokratische Aufnahme von früh einzuschulenden Kindern (Landesinstitut für Schule und Medien Brandenburg 2003). Leitidee dabei ist (Abb. 12):

Abb. 12: Leitidee der flexiblen Schuleingangsphase (Ministerium für Kultur, Jugend und Sport, Baden-Württemberg 2001):

„Nicht allen das Gleiche, sondern jedem das Seine"

Der Erfolg der Projekte und speziell der integrierten Schuleingangsphase hängt von vielfältigen Voraussetzungen ab, die noch nicht in allen Kindertagesstätten und Grundschulen gegeben sind. Zu den äußeren Voraussetzungen gehören gut fortgebildete Erzieherinnen, Lehrerinnen und Lehrer sowie gut ausgestattete große Räumlichkeiten, die dem Bewegungsbedürfnis von Kindern entsprechen, Gruppen- und Einzelplätze vorsehen und freien Zugang zum Arbeitsmaterial gewährleisten, das reichlich vorhanden sein sollte und selbstständiges Arbeiten ermöglicht. Darüber hinaus ist eine Individualisierung und Differenzierung des Grundschulunterrichts nötig, die mit einer veränderten Lehrerrolle einhergeht. Lehrerinnen und Lehrer haben in der flexiblen Schuleingangsphase mehr denn je die Aufgabe, Kinder zu beobachten und zu fördern. Sie müssen die Lernfortschritte jedes einzelnen Kindes festhalten und individuelle Förderpläne entwerfen, um die Verweildauer eines jeden Kindes in der Schuleingangsphase feststellen zu können.

Kritiker der flexiblen Schulengangsphase meinen, dass die nötigen Voraussetzungen noch nicht geschaffen und so Misserfolge vorprogrammiert seien. Ihre Kritik richtet sich vor allem auf die nicht ausreichende Fortbildung und Qualifizierung der Erzieherinnen in Bezug auf die Sprachförderung der Kinder, auf die mangelnde Vorbereitung der Lehrkräfte und die nicht vorgesehene Absenkung der Klassenfrequenzen. Auch fehle das notwendige Personal sowohl in den Kindergärten als auch in den Grundschulen, um die vorgesehene individuelle Förderung wirklich gezielt zu garantieren. Durch die Auflösung der Schulkindergärten würden bewährte Förderstrukturen zerschlagen. Es müssten mehr Sozialpädagogen in den Grundschulen arbeiten, die Schulkindergärten sollten erhalten bleiben, so die Forderung der Kritiker (Christiani 2004, 2005).

Nicht alle Schulen müssen die Reformprojekte zur flexiblen Schuleingangsphase umsetzen, sie können mit Zustimmung der Schulkonferenz auch eine andere Organisationsform wählen. Erst die nächsten Jahre werden zeigen, ob die Reform sinnvoll war oder nicht. Der Erfolg hängt wie bei allen Reformen von der konkreten Umsetzung in der Praxis ab und von dem Engagement aller Beteiligten. Die Gründe, die für die Reform sprechen, seien hier noch einmal zusammengefasst (Abb. 13):

Abb. 13: Gründe für die Reform (Ministerium für Schule, Jugend und Kinder, NRW 2004):

1 Neues Verständnis von Schulfähigkeit
2 Erleichterung der Einschulung durch:
   a) Reduzierung der Zurückstellungen vom Schulbesuch
   b) Erhöhung der vorzeitigen Einschulungen durch Abbau bürokratischer Hürden
3 Vermeidung von Ausgrenzung
4 Flexibilisierung der Schuleingangsstufe
5 Sprachstandserhebung und gezielte Sprachförderung
6 Optimierung des Anfangsunterrichts
7 Verbesserung des Lernmilieus
8 Stärkung der individuellen und differenzierten Förderung

Informationsveranstaltungen

Die Informationsveranstaltungen, die die Schulträger gemeinsam mit Leiterinnen und Leitern der Tageseinrichtungen sowie mit Grundschulleiterinnen und -Leitern durchführen, sind in Zusammenhang mit der neuen Schuleingangsphase zu sehen. Dazu gehören das zeitliche Vorziehen der Anmeldung der Schulneulinge zur Grundschule und eine Sprachstandsfeststellung bei der Anmeldung. Die Informationsveranstaltungen sind für Eltern der Kinder, die das vierte Lebensjahr vollendet haben, gedacht. Ihnen werden Informationen über den vorgezogenen Anmeldetermin sowie über vorschulische, speziell sprachliche Fördermöglichkeiten gegeben. So können vor allem auch Migranten-Eltern ihre Kinder noch in Kindergärten anmelden, wenn sie es bis dahin nicht getan haben, so dass auch diese Kinder in die Lage versetzt werden, die dortigen Fördermöglichkeiten in Anspruch zu nehmen. Schon zu diesem Zeitpunkt soll der elterliche Blick auf eventuelle sprachliche Schwächen der Kinder gelenkt werden, damit diese noch bis zum Schulbeginn behoben werden können. Die Beherrschung der deutschen Sprache hat im Rahmen des Schulfähigkeitsprofils eine große Bedeutung, ja, sie wird als eine der grundlegendsten Voraussetzungen für Schulerfolg angesehen. Daher wird in fast allen Bundesländern eine Sprachstandsfeststellung vor der Einschulung verpflichtend eingeführt, und zwar zeitlich mindestens ein halbes Jahr vor der Einschulung, damit eine eventuell notwendige Sprachförderung noch bis zum Schulanfang greifen kann. Die Sprachstandserhebung wird in den Schulen selbst mit Hilfe standardisierter Tests durchgeführt. Die Teilnahme an Sprachkursen ist für Kinder mit Sprachdefiziten verpflichtend.

3.2 Sprachstandsfeststellungen

Der Aufbau eines gesicherten Wortschatzes und der Erwerb der Sprache werden als Entwicklungsprozess aufgefasst, der bei vielen Kindern zum Zeitpunkt des Eintritts in den Kindergarten unterschiedlich weit fortgeschritten ist und daher intensiv und individuell während der Kindergartenzeit gefördert werden muss. In vielen Bundesländern werden vor Schuleintritt Sprachstandsfeststellungen zur Pflicht gemacht, die entweder in den Kindertagesstätten vorgenommen werden, die die Kinder bis dahin besucht haben, oder aber in den Schulen selbst, mit dem Ziel, sprachrückständige Kinder noch vor der Einschulung so zu fördern, dass sie dem Schulunterricht folgen können.

Schleswig-Holstein:

Schleswig-Holstein war das erste Bundesland, das die Sprachförderung in den Kindertagesstätten konsequent und systematisch eingeführt hat. Es hat ein „integratives Sprachförderkonzept" entwickelt und erprobt sowie eine vorgezogene Sprachintensivförderung zwischen Schulanmeldung und Einschulung eingeführt (Ministerium für Bildung, Wissenschaft, Forschung und Kultur 2004a). Das „integrative Sprachförderkonzept" besteht aus folgenden Bausteinen (Abb. 14):

Abb. 14: Bausteine des integrativen Sprachförderkonzeptes in Schleswig-Holstein

1 Sprachförderung und Einschätzung der Sprachkompetenz in den Kindertageseinrichtungen
2 Vorgezogene Sprachintensivförderung zwischen Schulanmeldung und Einschulung

3 Sprachförderung in der Schule
4 Sprachheilförderung in der Altersstufe drei bis sechs
5 Fortbildung der Erzieherinnen sowie der Lehrkräfte
6 Informationen und Materialien

Baden-Württemberg:

Auch in Baden-Württemberg wird seit Juni 2003 das Projekt „Sprachförderung im Vorschulalter" von der Landesstiftung durchgeführt. An diesem Projekt können sich alle kommunalen und freien Träger von Tageseinrichtungen für Kinder beteiligen. Es hat sich zum Ziel gesetzt, die Sprachförderung von Kindern, deren Muttersprache Deutsch ist, zu fördern, d. h. sowohl ihr Hörverstehen als auch ihr Sprechvermögen zu schulen. Daneben soll sie jedoch auch den Migrantenkindern zugute kommen, für die Deutsch die Zweitsprache ist. Die Förderung soll ein halbes bis ein Jahr vor Schulbeginn starten. Fast alle Bundesländer bieten seit kurzem Fortbildungen zur Sprachförderung für Erzieherinnen und Lehrerinnen und Lehrer an, denn ihnen wird zukünftig die Aufgabe der Einschätzung der Sprachkompetenz bei Kindern mit sprachlichen Schwächen anvertraut. Ihnen werden Materialien und Fördermöglichkeiten zur „phonologischen Bewusstheit", einer wesentlichen Vorläuferfähigkeit für das Lesen und Schreiben, an die Hand gegeben. Es handelt sich dabei um die Fähigkeit, Gliederungselemente der gesprochenen Sprache zu erkennen und die Laute in den Wörtern unterscheiden zu können.

3.3 Die Einschulungspraxis im Ländervergleich

In den einzelnen Bundesländern gibt es noch keine einheitliche Regelung zur Schuleingangsphase. Die vorhandene Begriffsvielfalt bezieht sich nicht nur auf die Existenz bzw. Auflösung von Schulkindergärten, Vorklassen oder Vorschulen, sondern auch auf die bürokratische bzw. unbürokratische Handhabung bei der frühen Einschulung sowie auf die erwähnten Sprachstandsfeststellungen. Länder, in denen es zur Zeit noch Schulkindergärten gibt, geben sie allerdings häufig als auslaufende Modelle an. Trotz der unterschiedlichen Gesetze und Erlasse zum Übergang Kindergarten – Grundschule sowie der Vielfalt der Organisationsformen zur flexiblen Schuleingangsphase in den einzelnen Bundsländern soll ein Vergleich zwischen ihnen zum jetzigen Zeitpunkt vorgenommen sowie eine schematische Darstellung versucht werden, wobei ständige Weiterentwicklungen und Veränderungen nicht ausgeschlossen sind, die diese Darstellung dann als überholt erscheinen lassen (Abb. 15).

Wie Abb. 15 zeigt, gibt es noch etliche Unterschiede in der Einschulungspraxis der einzelnen Bundesländer, aber im Großen und Ganzen gibt es auch viele Gemeinsamkeiten, die in der Stichtagsflexibilisierung, der flexiblen Schuleingangsphase, der Individualisierung und Differenzierung des Unterrichts, der Möglichkeit der frühen Einschulung, der Abschaffung der Schulkindergärten und ihrer Integration in die Grundschule sowie der Sprachstandsfeststellungen vor der Einschulung liegen (siehe auch den Überblick in Faust-Siehl 2001, 240ff).

Abb. 15: Die Einschulungspraxis im Ländervergleich

Länder	Schulrechtsgesetze/Verw.-Vorschriften/ RdErl.	Schulpflicht mit 6 Jahren, Stichtagsflexibilisierung	Frühe Einschulung mit 5 Jahren über den 31. Dez. hinaus	Flexible Schuleingangsphase von 1–3 Jahren	Jahrgangsübergreifender Schulanfang	Schulkindergärten bzw. Vorschule oder Vorklasse	Sprachstandsfeststellung durch die Schule
Baden-Württemberg	1.8.2003	31.7. bis 30. Juni des Folgejahres[1]	ja	ja	ja	z. Teil[2]	ja
Bayern	In Änderung	30.6. bis 31. Dez.[3]	ja	nein	nein	nein	ja
Berlin	1.2.2004	31. Dez. und später[4]	ja	ja	ja	nein	ja
Brandenburg	17. 9.2003	30.6. bis 31. Dez.	ja	ja,	ja	nein	ja
Bremen	26. 1.2004	30.6. bis 31. Dez.	ja[5]	ja	ja	nein	nein[6]
Hamburg	27.6.2003	30.6. bis 31. Dez.	ja	nein	nein	ja	nein

Länder	Schulrechtsgesetze/Verw.-Vorschriften/ RdErl.	Schulpflicht mit 6 Jahren, Stichtagsflexibilisierung	Frühe Einschulung mit 5 Jahren über den 31. Dez. hinaus	Flexible Schuleingangsphase von 1–3 Jahren	Jahrgangsübergreifender Schulanfang	Schulkindergärten bzw. Vorschule oder Vorklasse	Sprachstandsfeststellung durch die Schule
Hessen	1.8.2005	30.6. bis 31. Dez.	ja	ja	ja	nein	ja
Meckl.-Vorp.	8.9.1998	30.6. bis 31. Dez.	ja	nein	nein	ja	nein
Niedersachsen	17.1.2003	30.6. bis 31. Dez.	ja	ja	ja	ja[7]	ja
Nordrhr.-Westf.	1.8.2003	30.6. bis 31. Dez.	ja	ja	ja	nein	ja
Rheinl.-Pfalz	1.8.2004	30.6.	ja	nein	nein	ja	ja
Saarland	31.3.2004	30.6. bis 31. Dez.	ja	nein	nein	ja	ja
Sachsen	16.7.2004	30.6. bis 30. Sept.	ja	nein	nein	nein	
Sachsen-Anh.	16.12.2004	30.6. bis 30.6 des Folgejahres	ja	ja	ja	nein	nein

Länder	Schulrechtsgesetze/Verw.-Vorschriften/ RdErl	Schulpflicht mit 6 Jahren, Stichtagsflexibilisierung	Frühe Einschulung mit 5 Jahren über den 31. Dez. hinaus	Flexible Schuleingangsphase von 1–3 Jahren	Jahrgangsübergreifender Schulanfang	Schulkindergärten bzw. Vorschule oder Vorklasse	Sprachstandsfeststellung durch die Schule
Schlesw.-Holst.	1.8.2003	30.6.	ja	ja	ja	ja	nein
Thüringen	1.8.2003	30.6. bis 31.12	ja	ja	ja	nein	nein

[1] Baden-Württemberg hat von allen Ländern die weitest reichende Stichtagsflexibilisierung eingeführt: Schrittweise Verlegung des Stichtages von: **2005/06**: vom 30. Juni auf den 31. Juli, mit Erweiterung auf den 30. Juni des Folgejahres; **2006/07**: vom 31. Juli auf den 31. Aug., mit Erweiterung auf den 30. Juni des Folgejahres; **2007/08**: 30. September als endgültigen Termin
[2] Grundschulförderklasse vor der Schulpflicht (Modell B2)
[3] Auch Bayern plant eine schrittweise Vorverlegung des Stichtages um jährlich 1 Monat
[4] Berlin setzt als einziges Land die Schulpflicht mit 5;5 Jahren fest
[5] Aber noch bürokratisch (mit 3 Gutachten)
[6] Für entwicklungsbedürftige Kinder sind bei Eintritt in die GS besondere Fördermaßnahmen vorgesehen
[7] An Grundschulen mit einer Eingangsstufe wird kein Schulkindergarten geführt
[8] werden in Kindertagesstätten durchgeführt

Alle Bundesländer halten an einer vorherigen schulärztlichen Untersuchung der Kinder fest, die daher in der Abbildung nicht extra aufgeführt wird. Sie wird von Amtsärztinnen und Amtsärzten der Gesundheitsämter durchgeführt und besteht für alle Bundesländer in Folgendem (Abb. 16):

Abb. 16: Die schulärztliche Untersuchung

1 Erfassung des körperlichen Entwicklungsstandes einschließlich schwerer körperlicher Erkrankungen
2 Diagnostik des Hör- und Sehvermögens
3 Feststellung des individuellen Entwicklungsstandes mit dem Schwerpunkt in den Bereichen Wahrnehmung, Motorik und Sprache
4 Identifikation von Kindern mit besonderem medizinischem Förderbedarf
5 Veranlassung Koordination und Begleitung notwendiger gesundheitsfördernder Maßnahmen

Es ist deutlich geworden, dass es in den meisten Grundschulen der Bundesländer weitreichende Veränderungen in der Schuleingangsphase gibt. Diese basieren auf entwicklungspsychologischen Erkenntnissen des Schulübergangs, die wiederum Veränderungen in der Elementarpädagogik der Kindergärten zur Folge haben und ihren Niederschlag in den Bildungsvereinbarungen gefunden haben. Interessant ist, dass die Reformbestrebungen in Grundschule und Kindergarten fast zeitgleich angestoßen wurden.

4 Entwicklungspsychologische Grundlagen des Schulüberganges

Im Folgenden werden entwicklungspsychologische Tendenzen sowie Fähigkeiten und Fertigkeiten von Kindern in einzelnen Entwicklungsbereichen gegen Ende ihrer Kindergartenzeit dargestellt. Das soll nicht heißen, dass sie bei allen Kindern gleich verlaufen, es kann Fort- und Rückschritte, manchmal auch vorübergehenden Stillstand in der Entwicklung geben. Manche Kinder erreichen das erforderliche Entwicklungsniveau früher oder später, einige Kinder benötigen mehr Unterstützung und mehr Förderung als andere Kinder, aber im Durchschnitt vollziehen sich bei allen Kindern ähnliche Weiterentwicklungen.

4.1 Die geistige Entwicklung

Die kognitive Entwicklung des Säuglings bis hin zum Kleinkind, Schulkind, Jugendlichen und Erwachsenen ist vor allem durch eine zunehmende interne geistige Repräsentation der Welt gekennzeichnet. Die Veränderung dieser geistigen Repräsentation gilt als Motor der gesamten Entwicklung, und zwar des Denkens, der Wahrnehmung und der Sprache sowie der Emotionen. Es gibt verschiedene Theorien der kognitiven Entwicklung, sie alle haben das Ziel zu erklären, wie sich geistige Fähigkeiten bilden, wie Leistungen und Denkoperationen zustande kommen und wie sich der Wissenserwerb vollzieht (Sodian 1998).

Eine umfassende und in sich geschlossene Theorie zur Entwicklung des Denkens legte der Biologe und Erkenntnistheoretiker Jean Piaget (1947, 1972) vor. Sie bildet die Grundlage für viele andere Theorien, die in kritischer Auseinandersetzung mit der Piagetschen Theorie entstanden sind. Piaget bezeichnet Prozesse des Erkenntnisaufbaus als „Operationen", die sich in entwicklungspsychologischen Stufen vollziehen. Das Individuum gelangt zu diesen Operationen im Austausch mit der Umwelt, und zwar in wechselseitiger Beeinflussung durch Assimilation und Akkomodation. Die damit verbundenen Erkenntnisse sind jeweils das Ergebnis von zunächst konkret durchgeführten, später dann mental vorgestellten Handlungen. Allerdings hat Piaget einen strukturgenetischen Verlauf der kognitiven Entwicklung bei Kindern vertreten, dem heute so nicht mehr uneingeschränkt zugestimmt werden kann. Neuere Forschungstrends gehen von Informationsverarbeitungsprozessen aus, die nicht an strukturelle Niveaus gebunden sind. Die weiterführenden Fragen, auf die es jedoch noch keine endgültigen Antworten gibt, lauten, ob die sich entwickelnden kognitiven Leistungen eines Kindes nicht eher eine Folge des Anstiegs der Verarbeitungskapazität des Kurzeitgedächtnisses bzw. seiner größeren Effizienz sind als dass sie auf tatsächlichen Veränderungen der Struktur der logischen Operationen beruhen (Sodian 1998).

Auch wenn Piagets Theorie in vielem heute in Zweifel gezogen wird oder auch als widerlegt gilt, so ist seine Erkenntnis doch immer noch grundlegend, dass schon Säuglinge von Neugier und Entdeckungslust durchdrungen sind und sich die Welt aktiv aneignen. Das Realitätsverständnis von Kindern ist – so seine Theorie – nicht ein Abbild der Wirklichkeit, sondern beruht auf aktiven Konstruktionen, die sich im Laufe der Entwicklung verändern. In Übereinstimmung mit Piagets Grundgedanken werden Kinder auch in der neueren Kindheitsforschung als „produktive Verarbeiter der inneren und äußeren Realität" angesehen, wobei die Verarbeitung mit einem mehrdimensionalen Prozess der Wahrnehmung verbunden ist. Forschungen aus der

Neurobiologie bestätigen die schon von Piaget aufgestellte These, dass die Wahrnehmung nicht die Wirklichkeit widerspiegelt, sondern diese subjektiv und selektiv aufnimmt und interpretiert. Dabei kann nur das an Informationen aufgenommen werden, was in Korrespondenz mit den Sinneszentren im Gehirn und den jeweiligen Aufnahme- und Interpretationsmustern steht (Hurrelmann und Bründel 2003).

Piaget hat der Wahrnehmung und dem Handlungsvollzug im Denkprozess von Kindern eine außerordentliche Rolle zugewiesen. Für ihn ist die Intelligenzentwicklung zunächst mit der Wahrnehmung und der Handlung verbunden und wird mit zunehmendem Alter immer unabhängiger von beiden. Schon der Säugling verfügt über intelligente Anpassungsleistungen an seine Umgebung, die sich durch „sensu-motorisches" Handeln, d. h. durch die Verbindung von Sensorik und Motorik, charakterisieren lassen. Seine Handlungen sind an Wahrnehmungseindrücke gekoppelt, wobei seine Fähigkeiten z. B. zur Formunterscheidung, Figur-Grundwahrnehmung und zur Konstanzwahrnehmung mit zunehmendem Lebensalter immer ausgereifter werden. Sie bilden die wesentliche Voraussetzung dafür, die Umwelt immer realitätsgerechter, wenn auch nie realitätsgenau, erfahren zu können.

Piaget bezeichnet die Intelligenz des Säuglings und Kleinkindes mit dem Begriff „sensumotorisch". Er unterscheidet dabei sechs Stadien, angefangen von reinen Reflexhandlungen bis hin zu ersten mental repräsentierten sog. Schemata, die entscheidende Triebfedern zur Weiterentwicklung sind. Unter sensumotorischen Schemata werden strukturierte Verhaltensmuster verstanden, die sich in Wiederholungen und Generalisierungen von Handlungen zeigen. Nachuntersuchungen verschiedenster Forscher haben jedoch gezeigt, dass Piagets strikte und an Altersangaben gebundene Stadieneinteilung heute nicht mehr vertretbar ist. Kritische Einwände beziehen sich auf eine Unterschätzung der Handlungskompetenzen des Säuglings, wenn er ihm z. B. den Erwerb der Objektpermanenz abspricht bzw. sie ihm erst mit ca. 8 Monaten zubilligt. Objektpermanenz meint, dass Objekte und Personen für den Säugling weiterexistieren, auch wenn sie außerhalb seiner Sichtweite sind. Anders als Piaget vertreten heute Forscher die Ansicht, dass Säuglinge schon sehr viel früher, nämlich mit 3–4 Monaten, über eine Objektpermanenz verfügen (Sodian 1998). Während nach Piaget Vorstellungen als geistige Konstruktionen erst über einen längeren Entwicklungsprozess aus der handelnden Auseinandersetzung eines Kindes mit seiner Umwelt entstehen, gestehen heute viele Forscher dem Kind die Fähigkeit zu, von vornherein über von der Wirklichkeit abstrahierende Vorstellungen, so z. B. über mentale Repräsentationen, zu verfügen (Rauh 2002).

Piaget unterscheidet vier Hauptstadien der geistigen Entwicklung: das sensumotorische, präoperatorische, konkret-operatorische und das formal-operatorische Stadium. In vielen originellen und faszinierenden Experimenten hat er die spezifischen Formen der geistigen Auseinandersetzung von Kindern mit der Welt, ihre Fortschritte mit zunehmendem Alter, aber auch ihre „Denkfehler“ aufgedeckt und festgehalten.

Piagets Theorie kann als klassische Stadientheorie der Entwicklung bezeichnet werden, wobei jedes Stadium aus dem vorhergehenden hervorgeht, sich neu ordnet und strukturiert und damit zu qualitativen Veränderungen führt (Sodian 1998). Gerade diese Stadieneinteilung wird von heutigen Entwicklungspsychologen angefochten. In vielen nachfolgenden empirischen Studien ist nachgewiesen worden, dass sowohl die von Piaget behauptete Abfolge der geistigen Handlungen („präoperatorisch, „konkret-operatorisch“ und „formal-operatorisch“) als auch die von ihm aufgestellten stadientypischen Beschränkungen bzw. die stadientypische Homogenität nicht länger haltbar sind. So werden heute Piagets Experimente zur Erhaltung der

Masse, des Gewichts, des Volumens und der Zahl bei Vorschul- und Schulkindern zwar immer noch in ihrer phantasievollen Anordnung und Durchführung geschätzt, jedoch in ihren Ergebnissen hinterfragt. Die sog. Denkfehler, die Piaget bei Vorschulkindern festzustellen glaubte, können nach heutiger Sicht u. a. auch mit Gedächtnisfähigkeiten zusammen hängen. Je größer die Merkfähigkeit der Kinder ist, desto eher können sie z. B. auch lineare Ordnungen herstellen und transitive Schlüsse ziehen. Vorschulkinder besitzen – so neuere Erkenntnisse – sehr wohl die fraglichen Kompetenzen, wenn man die Versuchsanordnung verändert.

Denkleistungen von Kindergartenkindern, die Piaget erst bei Sechs- bis Siebenjährigen feststellte, sind auch von Übung und Erfahrung abhängig und damit schon bei älteren Kindergartenkindern anzutreffen. Die Tatsache, dass Kinder in ihrer Umwelt fördernde oder hemmende Lernbedingungen vorfinden, dass ihre familiären Konstellationen sich sehr voneinander unterscheiden können, hat zur Folge, dass gleichaltrige Kinder über sehr unterschiedliche kognitive Fähigkeiten verfügen. Das Wissen über diese Einflussfaktoren sollte Erzieherinnen ermutigen, die Entwicklung des Denkens bei Kindern aktiv anzuregen und ihnen immer wieder mit spielerischen Situationen Anregungen zum Nachdenken zu geben (Sodian 2004).

Die Fortschritte im logischen Denken, die ein Kindergartenkind bei entsprechender Unterstützung und entsprechenden Anreizen machen kann, sind beträchtlich. Sie zeigen sich vor Schuleintritt darin, dass im Allgemeinen ein schulfähiges Kind gelernt hat, dass sich Mengen und Substanzen (Flüssigkeit, Knete, Perlen) in ihrer Masse nicht verändern, wenn sich ihre äußere Form verändert (Argument der Kompensation). Auch wenn der Flüssigkeitsspiegel ein anderer ist, die Form der Knetkugel sich ändert oder die Perlen anders als vorher gereiht werden, so bleibt doch jeweils die Menge erhalten, wenn nichts hinzugetan oder weggenommen wird (Argument der Identität). Das Denken wird flexibler. Ältere Kindergartenkinder und jüngere Schulkinder können bei angemessener Förderung Denkoperationen umkehren und zu ihrem Ausgangspunkt zurückkehren (Argument der Reversibilität). Sie sind in der Lage, sich einzelne Denkschritte vorzustellen und sind damit von der konkreten Handlungsausführung unabhängig. Sie sind jedoch noch nicht fähig, abstrakt zu denken und Denkoperationen auf sinnlich nicht erfahrbare Inhalte zu beziehen. Dies bleibt der letzten Stufe, der Stufe der formalen Operation, vorbehalten, die nach Piaget erst zwölfjährigen Kindern und Jugendlichen zugeschrieben wurde, nach heutiger Ansicht jedoch auch schon von jüngeren Kindern erreicht werden kann.

Zum Schulfähigkeitsprofil gehört konkretes Wissen über Zahlen (Zahlenwortreihe bis 20), über spielerisches Umgehen mit Zahlen (hinzufügen, wegnehmen, größer, kleiner) und über Merkmale wie Farbe, Form, Größe, Oberflächenbeschaffenheit. Ein schulfähiges Kind kann Reihenfolgen und Ordnungen erstellen, Raum-Lagebeziehungen erkennen wie rechts/links, oben/unten, vor/hinter.

Erzieherinnen regen Entwicklungsprozesse des Denkens spielerisch an, u. a. mit Hilfe der zahlreichen Denk- und Ratespiele, die es auf dem Spielzeugmarkt gibt. Erzieherinnen fördern das Denk- und Vorstellungsvermögen der Kinder auch dadurch, dass sie deren Fragen realitätsgerecht beantworten und nicht ihrerseits wie in Märchenbüchern auf anthropomorphe Erklärungsmuster zurückgreifen. Auch wenn nicht alle fünf- bis sechsjährigen Kinder wissenschaftliche Erklärungen verstehen, so gibt es doch die Tendenz, ihnen mehr Wissenschaft zuzutrauen, sie mit Fragestellungen zu konfrontieren, zum Experimentieren und zum Nachdenken anzuregen. Dies gilt für alle praktischen Alltagserfahrungen und für alle sachgerechten Erklärungen von Wirkungszusammenhängen (Nickel und Schmidt-Denter 1995).

Denkprozesse und Problemlösungen sind auch von anderen Aspekten abhängig, z. B. von emotionalen Faktoren, von Erfolg- bzw. Misserfolgserlebnissen, Selbstvertrauen, von der Herangehensweise an Problemlösungen und auch von den sprachlichen Fähigkeiten der Kinder, ihrem Sprachschatz, ihrem Sprachverständnis und ihrem Ausdrucksvermögen.

4.2 Die emotionale Entwicklung

Die emotionale Entwicklung der Kinder ist mit einer engen „Bindung“ zur Bezugsperson, meistens der Mutter, verbunden Diese Bindung ist nach Übereinstimmung aller Forscher eine wesentliche Voraussetzung für die weitere Persönlichkeitsentwicklung. Aus ihr erwächst das Urvertrauen, das nicht nur das Selbstbild des Kindes prägt, sondern auch sein Selbstbewusstsein und damit auch sein Verhalten gegenüber anderen Menschen. Die Ergebnisse der Bindungsforschung zeigen, dass Unterschiede in der Art der Fürsorge und liebevollen Zuwendung zu Unterschieden im Verhalten des Kindes gegenüber Bezugspersonen und fremden Personen führen. Wenn sich Kinder emotional sicher fühlen, verhalten sie sich neugierig und aktiv und beginnen, ihre Umwelt zu erkunden. Dies ist nicht nur ein Charakteristikum des Säuglingsalters, sondern zeigt sich auch im Kindergarten und darüber hinaus noch im Schulalter. Emotional stabile Kinder haben in der Regel das nötige Selbstvertrauen, sich von ihren Bezugspersonen vorübergehend zu entfernen, und können die zeitweilige Trennung gut ertragen, ohne von Ängsten überwältigt zu werden. Emotional unsichere Kinder weinen, wenn sie morgens von ihren Müttern oder Vätern gebracht werden und sich von ihnen trennen sollen. Ihre Trennungsängste können so groß sein, dass es manchmal für Erzieherinnen sehr schwer ist, sie zum Bleiben und die Eltern zum Gehen zu motivieren (Bründel 2001).

Lucas ist drei Jahre alt, er wird jeden Morgen von Frau K., seiner Mutter, in Hektik und Eile gebracht. Er ist zwei Jahre lang von seinen Großeltern betreut worden, da Frau K. sich damals noch in der Ausbildung befunden hat und sie von Lucas Vater schon zur Zeit seiner Geburt verlassen worden ist. Die ersten beiden Jahre verliefen für Lucas und auch für seine sehr junge Mutter unruhig und waren von Existenzsorgen bedroht. Die Trennungsszenen, die sich allmorgendlich im Kindergarten abspielen, sind herzzerreißend. Lucas klammert sich an seine Mutter, vergräbt sein Gesicht in ihrem Rock, schaut die Erzieherin nicht an und lässt sich von ihr auch nicht ansprechen. Alles gute Zureden nützt nichts. Frau K. muss notgedrungen noch mindestens eine Stunde im Kindergarten bleiben, ehe Lucas bereit ist, sich von ihr zu verabschieden. Diese Zeit stellt für sie eine große innere Anspannung dar. Manchmal, jedoch eher selten, gelingt es ihr, sich unbemerkt von ihm weg zu schleichen, so dass er gar nicht merkt, dass sie fort ist. Aber meistens weint und schreit Lucas heftig, wenn sie sich von ihm unter mehr oder weniger sanftem Druck trennt. Er wirft sich auf den Boden und schlägt mit Armen und Beinen um sich. Frau K. ist dann immer sehr verzweifelt und fängt auch oft selbst an zu weinen. Unter Tränen wirft sie ihm beim schnellen Weggehen noch viele Küsse zu.

Zwei Jahre später hat sich Lucas bestens eingewöhnt. Er kommt freudig und erwartungsvoll in den Kindergarten, stürzt sich sofort in die Bauecke, trifft dort schon einige Freunde und ruft nur noch kurz: „Tschüß Mama“, ehe er sich in sein Spiel vertieft. Auch Frau K. ist jetzt wesentlich entspannter, winkt ihm kurz zu und geht dann sorglos weg. Sie lebt mit einem neuen Partner zusammen, hat keine existenziellen Sorgen mehr und steht morgens auch nicht mehr unter zeitlichem Druck.

Was hat sich in dieser Zeit ereignet, welche Entwicklungsfortschritte hat Lucas gemacht, die es ihm ermöglichen, den Kindergarten ohne Angst zu betreten und dort unbeschwert zu spielen bzw. was hat sich in seiner familiären Umwelt verändert?

Kinder orientieren sich im Erleben ihrer eigenen Emotionen häufig am wahrgenommenen Gefühlszustand ihrer Familienangehörigen. Sie spüren deutlich deren Stress, Hektik und Sorgen. Gefühle und Stimmungen werden von Erwachsenen auf sie übertragen. Lachende, fröhliche, freundliche, heitere Gesichter bewirken oft bei Kindern ähnliche Gefühlsäußerungen, während umgekehrt Trauer, schlechte Laune und gedrückte oder unfreundliche Stimmung sich auch auf Kinder in ähnlicher Weise auswirken. Zu Lucas Selbstsicherheit haben nicht nur die veränderte Lebenssituation, die größere Zufriedenheit seiner Mutter und ihre geregelten Lebensverhältnisse beigetragen, sondern mit Sicherheit auch die Erfahrungen in der Kindergartengruppe und das behutsame Einwirken der Erzieherin. Sie hat auf Lucas Ängstlichkeit dadurch positiv eingewirkt und ihm Mut machen können, offen auf andere Kinder zuzugehen und mit ihnen zu spielen, wobei sie geduldig abgewartet und ihn abgelenkt hat, wenn es um die Verabschiedung von seiner Mutter ging und ihm immer wieder Anreize zum Spielen gegeben hat. Im Vertrauen auf ihren Beistand konnte Lucas seine Umgebung im Kindergarten mehr und mehr erkunden, andere Kinder kennen lernen und offen auf Gleichaltrige zugehen.

Bei der Ausweitung und Differenzierung der Gefühlswelt des Kindes spielen soziale und kognitive Faktoren eine große Rolle, die zu einer zunehmenden Selbststeuerung führen. Gefühlsauslösende Situationen werden durch Erkenntnisprozesse und bestimmte Denkstrukturen beeinflusst. Denken und Fühlen hängen unmittelbar miteinander zusammen. Aus der Depressionsdiagnostik ist bekannt, dass negative Gedanken zu Gefühlen von Traurigkeit und Hoffnungslosigkeit führen. Goleman (1998) hat den Begriff der „Emotionalen Intelligenz" geprägt und unterstreicht damit einerseits den Zusammenhang von Intelligenz und Emotionen und andererseits auch die Bedeutung des Managements eigener Gefühle. Er spricht von der „Schulung der Gefühle", die u. a. auch auf einer Schulung des positiven Denkens beruht. Zum ABC der emotionalen Intelligenz nach Goleman gehört die Wahrnehmung der eigenen Gefühle und das darauf folgende Handeln. Zwischen Gefühlswahrnehmung und Handlung sollten immer einige Sekunden liegen, damit die „große Wut" zu einer „kleinen Wut" heruntergeschraubt werden kann. Oftmals helfen auch schon kleine Tipps der Erzieherin: „Wenn du merkst, dass du sehr wütend bist, dann hole tief Luft, ehe du etwas sagst oder tust."

Die emotionale Entwicklung der Kinder verläuft nicht in so deutlich unterscheidbaren Phasen wie die intellektuelle Entwicklung. Die Fortschritte in diesem Bereich lassen sich auch nicht – wie bei der geistigen Entwicklung – so schön in kindgerechten Experimenten nachweisen. Die große Tendenz zeigt sich jedoch darin, dass Schreien und Weinen als relativ undifferenzierte Ausdrucksformen für alle unangenehmen Situationen immer spezifischeren Reaktionen Platz machen. Das Fremdeln, Festhalten der Mutter und die kindlichen Ängste vor dem Verlassenwerden nehmen ab, das Vertrauen in fremde Personen wächst. Natürlich gehören auch noch bei vierjährigen Kindern Wut- und Zornesausbrüche zu ihren häufigsten emotionalen Reaktionen. Anlässe und Beispiele dafür gibt es in Familie und Kindergarten genug, vor allem, wenn es z. B. um immer wiederkehrende unliebsame Verrichtungen wie Waschen, Aufräumen usw. geht. Mit zunehmendem Alter und auch in der Auseinandersetzung mit Gleichaltrigen lernen Kinder jedoch, ihre Gefühlsreaktionen kontrollierter auszudrücken. Sie lernen durch Erfahrung, welche emotionalen Reaktionen gebilligt bzw. nicht so gern gesehen werden, d. h. die soziale Kontrolle gewinnt zunehmend an Bedeutung. Dabei spielen nicht nur die Reaktionen der Erzieherinnen, sondern auch die der anderen Kinder eine Rolle. Gefühle der Verlegenheit und Scham tauchen auf, wenn andere Kinder ihr „Babyverhalten“ auslachen. Erste Tendenzen zur Selbststeuerung von Gefühlen werden aufgebaut. Ausdrucksformen, die den ganzen Körper mit einbeziehen (sich auf den Boden werfen), werden seltener und zunehmend differenzierter. Mimik und Gestik sind aufeinander abgestimmt und werden immer situationsspezifischer eingesetzt. Auch die Sprache wird vermehrt zur Hilfe genommen, um Gefühle auszudrücken. Im Laufe der Kindergartenzeit lernen Kinder ein immer größer werdendes Ausmaß an Affektkontrolle und Affektsteuerung. Sie werden nicht mehr so stark von der Verwirklichung eigener Wünsche und unmittelbarer Bedürfnisse geleitet. Sechsjährige verfügen im Allgemeinen über ein wesentlich gezielteres Vorgehen in ihren Handlungen als Fünf- oder Vierjährige, sie sind weniger vom Augenblick und ihrem momentanen Begehren gesteuert.

Die Vehemenz und Intensität der Trotzreaktionen, die zu Beginn der Kindergartenzeit noch häufig auftreten, lassen mit zunehmendem Alter und bei angemessenem Erzieherverhalten nach. Mit größer werdendem Sprachvermögen können Kinder ihre Wünsche sprachlich ausdrücken ebenso wie ihre Enttäuschungen. Zu lernen, augenblickliche Bedürfnisse zurückzustellen, auch einmal kurzfristig Verzicht zu üben und zu warten, bis ihnen entsprochen werden kann, ist ein wichtiges Ziel in der emotionalen Erziehung der Kinder. Kinder reagieren emotional dann angemessen, wenn ihnen verständliche Erklärungen gegeben werden, so dass für sie nachvollziehbar wird, warum ihre Wünsche nicht gleich erfüllt werden können. Je weniger restriktiv und autoritär sich Erzieherinnen verhalten, desto weniger werden Kinder auch Trotzverhalten zeigen. Die Fortschritte in der emotionalen Entwicklung sind sowohl von den Erfahrungen in der Kindergruppe als auch von der Einfühlungsfähigkeit Erwachsener abhängig.

Ziel der Erziehung in Familie und Kindergarten ist es, die emotionale Kompetenz der Kinder zu entwickeln und zu fördern. Was versteht man unter emotionaler Kompetenz? V. Salisch (2002) gibt folgende Komponenten an (Abb. 17):

Abb. 17: Komponenten der emotionalen Kompetenz

1 Sich seiner Gefühle bewusst werden
2 Empathie mit anderen entwickeln
3 Seine Gefühle handhaben können
4 Emotionen in die Tat umsetzen können

Wie erwerben Kinder emotionale Kompetenz? Sie lernen sie ausschließlich in Beziehungen, und zwar in Beziehungen zu Erwachsenen und zu Kindern. Die Art und Weise, wie Eltern, aber auch Erzieherinnen mit ihnen emotional kommunizieren, d. h. mit ihnen über Gefühle sprechen, Gefühle zulassen und selbst Gefühle zeigen, ist ganz ausschlaggebend für den Erwerb von emotionaler Kompetenz. Das Gerüst der emotionalen Kompetenz wird in der frühen Kindheit und der Kindergartenzeit gelegt. Die Welt erschließt sich u. a. über Gefühle (Schneewind 2003). Um ein Verständnis von der Welt zu bekommen, ist es notwendig, über emotionale Kompetenzen zu verfügen.

Das emotionale Verhalten ist Teil der Persönlichkeit eines Kindes und prägt sein gesamtes Verhalten. Bei der Ausweitung und Differenzierung der Gefühlswelt des Kindes spielen soziale und kognitive Faktoren eine große Rolle, die zu einer zunehmenden Selbststeuerung führen. Gefühlsauslösende Situationen werden durch Erkenntnisprozesse und bestimmte Denkstrukturen beeinflusst. Denken und Fühlen hängen unmittelbar miteinander zusammen. Ein emotional unsicheres Kind, das sich nichts zutraut, das ängstlich und schüchtern ist und über kein Selbstvertrauen verfügt, scheitert häufiger in der Schuleingangsphase, lernt nicht nur weniger als andere Kinder, sondern nimmt auch weniger Sozialkontakte mit Kindern auf. Die emotionale Entwicklung ist nicht nur eng mit der geistigen, sondern auch eng mit der sozialen Entwicklung verwoben.

4.3 Die soziale Entwicklung

Der Bereich der sozialen Entwicklung bezieht sich auf die Veränderung der sozialen Beziehungen von Kindern untereinander einerseits und zwischen Kindern und Erwachsenen andererseits. Mit zunehmendem Alter des Kindes wird der Gleichaltrige zur wichtigsten Bezugsperson. In der Kindergartenzeit entstehen erste Freundschaften durch gemeinsame Spielaktivitäten. Die Beziehungen zwischen Kindern sind stärker symmetrisch als die zwischen Kind und Erwachsenen ausgerichtet. Die soziale Entwicklung ist eng mit der geistigen und emotionalen Entwicklung verbunden, denn grundlegende Komponenten des Sozialverhaltens wie Vertrauen bzw. Misstrauen im Umgang mit anderen Menschen entwickeln sich aus der oben geschilderten „Bindungssicherheit“ bzw. „-unsicherheit“ heraus. Kinder sind umso erfolgreicher im Umgang miteinander, je größer ihr Vertrauen zu sich selbst und zu anderen ist, je besser sie ihre eigenen Gefühle unter Kontrolle haben, je größer ihre Empathiefähigkeit ist und je mehr sie über Strategien zur Konfliktbewältigung verfügen (Oerter 2002).

Zur Sozialkompetenz gehört auch die Fähigkeit, moralische Urteile zu fällen, was wiederum eine gewisse kognitive Entwicklung voraussetzt. Moralische Urteilsfähigkeit ist ohne Kognitionen und Gefühle nicht möglich. Grundlegend dafür ist die Fähigkeit des Perspektivenwechsels und der Empathie. Auch hier gibt es Entwicklungstrends, wobei die Alternsangaben nicht überbetont werden sollen, sondern nur Richtwerte darstellen (Eckensberger 1998) (Abb. 18):

Abb. 18: Entwicklungstrends für die Entstehung von Empathie

- Schon Säuglinge sind der Empathie fähig („Affektansteckung").
- Bis zum zweiten Lebensjahr zeigt das Kleinkind eine „egozentrische Empathie" (es selbst leidet, nicht der andere).
- Zwischen drei und sieben Jahren entstehen Scham- und Schuldgefühle, vor allem dann, wenn einem anderen ein Schaden zugefügt wurde. Schmerzgefühle des anderen sind vor allem unangenehm für einen selbst, was wiederum Versuche hervorbringt, des anderen Schmerzen zu lindern („Wiege" des Altruismus).
- Zwischen sieben und zwölf Jahren entstehen Schuldgefühle auch bei Unterlassungen (Handlungen, die man eigentlich ausführen sollte), und die Empathie bezieht sich auf die Lage von anderen.

In der Entwicklung des kindlichen Sozialverhaltens zeigen sich gleichzeitig zwei Tendenzen. Auf der einen Seite steht der Wunsch nach Zuwendung, Geborgenheit, Nähe und Vertrauen in der Beziehung zu Eltern und Gleichaltrigen, auf der anderen das Streben nach Unabhängigkeit und Autonomie. Kinder stellen füreinander ein „soziales Übungsfeld" dar und können auf diese Weise soziale Kompetenzen erwerben und damit schrittweise immer unabhängiger von den Eltern werden. In der sozialen Interaktion mit Gleichaltrigen treiben Kinder auch ihre langsam und schrittweise sich vollziehende Ablösung von den Eltern voran. Soziales Verhalten lernen sie in der Gemeinschaft mit Erwachsenen und Kindern, aber sie lernen es nicht dadurch, dass man sagt: „Seid lieb zueinander“, sondern indem sie miteinander leben und dabei alle Varianten von negativen und positiven Gefühlen erleben, die wiederum das soziale Verhalten beeinflussen (Singer 2002). Maßnahmen des Lobes und der Verstärkung sowie des Tadels und des Aufstellens von Regeln sowie nachfolgende Konsequenzen tragen entscheidend mit zum Erlernen sozialen Verhaltens bei.

Zur sozialen Entwicklung gehört das prosoziale wie auch das antisoziale Verhalten. Welche Variante ein Kind überwiegend zeigt, ist von vielen Faktoren abhängig: vom Verhalten seiner unmittelbaren Bezugspersonen (Eltern, Großeltern, Geschwisterkinder) ihm gegenüber, von der Befriedigung seiner Bedürfnisse und auch dem Einfühlungsvermögen, das ihm entgegengebracht wird. Je günstiger die inneren und äußeren Bedingungen sind, in denen es aufwächst, umso größer ist die Wahrscheinlichkeit, dass es prosoziales Verhalten zeigt. Die Entwicklung zu antisozialen Verhaltensweisen setzt oft schon mit schwierigen Temperamentsvariablen des Kindes ein, auf die die Bezugspersonen ihrerseits mit Ungeduld, Inkonsequenz, Ärger und Zurückweisung reagieren, so dass es zu einem Teufelskreis von Ablehnung und Stabilisierung von ungewünschten Verhaltensweisen kommen kann (Oerter 2002).

Wenn Kinder in den Kindergarten kommen, zeigen sie schon ganz unterschiedliche soziale Verhaltensweisen. Die einen sind offen, aufgeschlossen und kompromissbereit, sind in ihrer Gruppe beliebt, können sich sprachlich gut ausdrücken, gut miteinander spielen, einander zuhören und trösten, die anderen dagegen sind misstrauisch, verschlossen, oft auch aggressiv und haben es nicht gelernt, mit Kindern auszukommen. Erzieherinnen wissen, dass das Sozialverhalten der Kinder in hohem Maße auch vom Erziehungsstil der Eltern beeinflusst wird. Je autoritärer das Elternhaus, je mehr Wert auf Gehorsam und Unterordnung gelegt und je öfter das Kind bestraft wird, desto aggressiver oder auch unterwürfiger und ängstlicher kann sein Verhalten anderen Kindern gegenüber sein. Elternverhalten, das dagegen von Verständnis für das kindliche Bestreben nach Eigenständigkeit geprägt und mit Wärme und Unterstützung gekoppelt ist, führt in der Regel auch schon bei Kindern im Kindergartenalter zu einer höheren sozialen Kompetenz.

Kinder, die im Elternhaus wenig soziale Kompetenz gelernt haben, haben die Chance, dies im Kindergarten nachzuholen. Daher ist es von großer Bedeutung, dass sie im Kindergarten Regeln vorfinden, wie z. B. auf andere Rücksicht zu nehmen. Im Kindergartenalltag sollte es klare Regeln geben, wie z. B.: „Wir hängen unsere Jacken, Mäntel etc. an die Garderobe" oder „Wir räumen das Geschirr ab, wenn wir gegessen haben". Aus zunächst fremdbestimmten Regeln können jedoch auch Rituale entstehen, die von den Kindern sehr geliebt werden und auf deren Einhaltung sie mit Nachdruck drängen, z. B.: „Nach dem Mittagessen, wenn ihr das Geschirr in die Küche gebracht habt, lese ich euch eine Geschichte vor" oder „Wir ziehen unsere Schuhe aus, gehen mucksmäuschenstill in die Turnhalle nach nebenan, holen uns ein Kissen, setzen uns darauf und machen eine Traumreise." Darüber hinaus haben Regeln eine größere Bedeutung, wenn sie mit den Kindern gemeinsam aufgestellt werden (Klein 2000).

Durch Grenzziehungen und Regelsetzungen, durch positives Vorbildverhalten lernen Kinder, Rücksicht auf andere zu nehmen, sich prosozial und gemäß den Ansprüchen der Gruppe zu verhalten, auf kurzfristige Vorteile zugunsten langfristiger Vorteile zu verzichten. Sie erwerben diese Fähigkeiten umso leichter, je besser und günstiger die Rahmenbedingungen sind, d. h. je freundlicher, rücksichtsvoller und gerechter Erwachsene und Kinder mit ihnen umgehen. Sie lernen, ihre eigenen Ansprüche durchzusetzen, aber auch gleichzeitig die Rechte anderer zu wahren. Die Fähigkeiten zum Bedürfnisaufschub und zur

Frustrationstoleranz müssen erst mühselig durch einen adäquaten Umgang mit Enttäuschung und Ärger, d. h. durch Emotionsregulierung gelernt werden. Kooperatives Verhalten ist nach Singer (2002) zwar einerseits biologisch angelegt, andererseits gehört es aber auch zu den höchsten zu erlernenden Kulturleistungen.

Im Kindergarten geht es darum, Kindern schon früh die Notwendigkeit und den Sinn bestimmter Grundregeln zu vermitteln, wie z. B. „Wir achten die Rechte anderer". Kinder sollten möglichst früh lernen, sich an Regeln und Absprachen zu halten. Regelübertretungen müssen ihnen freundlich, aber konsequent bewusst gemacht werden, denn oft genug sind sich Kinder nicht darüber im Klaren, dass sie eine Regel verletzt haben. Jüngere Kinder handeln meistens spontan und unüberlegt, wollen dem anderen willentlich nicht wehtun, haben aber die Folgen ihrer Handlungen nicht bedacht. Welche Fortschritte in der sozialen Entwicklung gibt es bei der Einhaltung von Regeln? Um diese Frage zu beantworten, ist ein Blick auf die Entwicklung der moralischen Urteilsfähigkeit notwendig.

In Bezug auf das kindliche Regelverständnis und das moralische Urteil hat Jean Piaget (1954) ebenfalls einen wichtigen Beitrag geleistet, der von dem amerikanischen Psychologen Lawrence Kohlberg (1995) in umfangreichen Arbeiten aufgegriffen und weitergeführt wurde. Beide Forscher haben bei fünf bis 12jährigen Kindern (Piaget) und zehn bis sechzehnjährigen Kindern (Kohlberg) festgestellt, dass sich die Entwicklung des moralischen Urteils in einander ablösenden Stadien vollzieht, von der fremdbestimmten („heteronomen") zur selbstbestimmten („autonomen") Moral. Die heteronome Moral ist dadurch gekennzeichnet, dass Auffassungen von „gut" und „böse", „richtig" und „falsch" zunächst von Erwachsenen übernommen und befolgt werden. Regeln werden eingehalten, weil Autoritäten dieses Verhalten gerne sehen und belohnen und auch die Macht haben, Regelverletzungen zu bestrafen. Die „autonome Moral" dagegen beinhaltet, dass das Kind aus Einsicht in die Notwendigkeit von Regeln handelt und nicht nur deshalb, weil Erwachsene es so wollen. Dies wird ermöglicht durch eine Zunahme an Vernunft, durch die Fähigkeit zum Rollenwechsel und durch den Wunsch der betreffenden Person, sich fair zu verhalten. Für Piaget ist Moral eng verbunden mit Begriffen wie Kooperation und Gerechtigkeit untereinander, Achtung und Respekt füreinander und Spielregeln im Umgang miteinander. Piaget hat folgende Entwicklungstrends für das soziale Verständnis von Kindern aufgezeigt, die bis heute Gültigkeit haben, wenn es auch immer wieder Missverständnisse und Kritik gegenüber einer zu rigiden Festlegung auf Altersangaben im Verständnis der Piagetschen Aussagen gegeben hat und gibt (Eckensberger 1998) (Abb. 19):

Abb. 19: Entwicklungstrends für das soziale Verständnis

- Spielregeln sind zunächst egozentrisch, werden dann imitativ befolgt, später festgeschrieben und von der Gruppe kontrolliert.
- Regeln sind heilig und werden nicht hinterfragt, sind jedoch mit zunehmendem Alter der Kinder verhandelbar und veränderbar.
- Für jüngere Kinder sind die Folgen einer Handlung wichtiger als die Intention des Handelnden. Ältere Kinder bewerten eher die Intention.
- Das Wort Lüge ist für jüngere Kinder ein „hässliches" Wort. Lügen sind umso schlimmer, je härter sie bestraft werden. Allmählich differenzieren die Kinder zwischen Lüge, Irrtum und „nicht die Wahrheit sagen".

- Für jüngere Kinder ist Strafe Sühne und damit gerecht. Ältere wollen zunächst Gleiches mit Gleichem vergelten, erkennen dann aber auch, dass Strafe maßvoll und in Zusammenhang mit dem Vergehen stehen sollte.

Die „autonome Moral" entwickelt sich nach Piaget ungefähr zwischen dem achten und zwölften Lebensjahr. Allerdings sind Regeleinhaltung und die moralischen Urteile der Kinder auch in diesem Alter noch einfacher Natur. Dies zeigt sich z. B. bei dem Erleben und Bewerten von Bestrafung und Gerechtigkeit. Gerechtigkeit heißt alle gleich zu behandeln, unabhängig von ihren Motiven und der Ausgangssituation, Bestrafung berücksichtigt keine mildernden Umstände. Erst nach dem zwölften Lebensjahr erreicht das Kind die höchste Stufe des moralischen Urteils, die „persönliche autonome Moral", in der Intentionalität, Motivation und Gesamtsituation bei der Bewertung von Straftaten oder Regelverletzungen berücksichtigt werden. Kindergartenkinder befinden sich nach Piaget überwiegend im heteronomen Stadium. Sie beurteilen Handlungen vor allem nach ihrem Ausgang und nicht nach der dahinter stehenden Absicht. Ähnlich wie im Bereich der geistigen Entwicklung, sind auch hier Piagets Altersangaben durch nachfolgende Forschungsarbeiten in Frage gestellt worden. Einig ist man sich jedoch in der Tendenz der Entwicklung von der Heteronomie zur Autonomie (Montada 2002).

Sozialverhalten wird auch durch Imitation, Identifikation und durch Beobachtung gelernt. In der Gemeinschaft von Familie und Kindergarten erfahren, sehen und beobachten Kinder die Verhaltensweisen von Erwachsenen und Kindern und übernehmen diejenigen, die aus ihrer subjektiven Sicht Anerkennung und Statuserhöhung versprechen. Haben aggressive Kinder Erfolg mit ihrem negativen Verhalten, d. h. werden sie durch die Umgebung nicht korrigiert, sondern gegebenenfalls noch verstärkt, übernehmen sie es in ihr Verhaltensrepertoire. Kinder lernen friedliche Konfliktlösungen und Konfliktfähigkeit einmal durch das Vorbild der Erzieherinnen – wie diese mit Streitigkeiten umgehen, wie sie darauf reagieren und Konflikte schlichten – und zum anderen durch tägliche Erfahrungen im Umgang mit anderen Kindern, so dass sie am Ende ihrer Kindergartenzeit ein positiveres Sozialverhalten als vorher zeigen sollten. Damit erfüllt der Kindergarten eine wichtige Funktion in der Stärkung sozialer Fähigkeiten, nicht zuletzt auch eine kompensatorische Funktion im Hinblick auf das Elternhaus.

Sozialkompetenz macht Gleichaltrige attraktiv. Kinder, die sich prosozial verhalten sind meistens beliebt, das zeigt sich sowohl im Kindergarten als auch in der Schule. Sozialkompetenz wird einem Kind nach Bensel und Haug-Schnabel (2004) dann zugesprochen, wenn es soziale Situationen gut einschätzen kann, Strategien zur Konfliktbewältigung besitzt, seine Meinung und Gefühle deutlich ausdrücken kann, die Meinung und Gefühle anderer berücksichtigt und sich in einer sozialen Gruppe gut aufgehoben weiß.

4.4 Die sprachliche Entwicklung

Der Erwerb der Sprache gehört zu den bedeutendsten Entwicklungsaufgaben im Leben eines Kindes. Ohne Sprache gibt es keine oder nur eingeschränkte Möglichkeiten zur Kommunikation und Interaktion. Sprache ist das wichtigste Medium der Beziehungsaufnahme (Grimm und Weinert 2002). Kinder erwerben die Sprache in der aktiven Auseinandersetzung mit ihrer Umwelt, und zwar eingebettet in die frühkindliche Gesamtentwicklung. Beim Spracherwerb bedingen sich biologische, kognitive, sozial-emotionale und sensomotorische Prozesse gegenseitig. Fast alle Kinder erwerben die Sprache intuitiv, durch Nachahmung, durch Hören und Sprechen. Für den Spracherwerb entscheidend ist die einwandfreie Funktion der Hör- und Sprechorgane. Bei nicht wenigen Kindergartenkindern liegen hier Fehlfunktionen vor, manchmal organische Schwächen, aber weit öfter akustische Differenzierungsschwächen, auditive Wahrnehmungs- und Verarbeitungs- oder auch Artikulationsstörungen (Sander und Spanier 2004). Der Spracherwerb steht in engster Wechselwirkung mit der kognitiven und sozial-emotionalen Entwicklung. Sprache entwickelt sich in der ersten Beziehungsaufnahme mit anderen Menschen, meistens den engsten Familienangehörigen, differenziert sich immer mehr aus und wird Ausdrucksträger des Denkens und Fühlens. Das Sprachverständnis geht der Sprechfähigkeit voraus. Mit dem sechsten Lebensjahr ist bei den meisten Kindern der Spracherwerb in seinen Grundzügen zwar abgeschlossen, aber immer mehr Kinder sind in Kindergärten anzutreffen, die starke Defizite sowohl des Sprachverständnisses als auch des aktiven Sprechens aufweisen. Die Gründe dafür liegen in gesellschaftlichen Veränderungen, in der veränderten Lebenswelt der Kinder, in der Spracharmut vieler – auch deutscher – Familien oder auch der mangelnden Beherrschung der deutschen Sprache in Migrantenfamilien. Die soziale Benachteiligung ist eng verbunden mit der mangelnden Fähigkeit, sich in der deutschen Sprache adäquat auszudrücken.

Da Sprache der Schlüssel zu Bildungsprozessen ist, muss Sprachförderung ein wesentlicher Bestandteil der alltäglichen Kindergartenarbeit sein. Sie sollte jedoch nicht isoliert geschehen, sondern in alle anderen Bereiche integriert sein. Beim Einsatz „einseitiger" Förderkonzepte besteht die Gefahr, dass andere wichtige Begleitelemente wie Körpersprache, Gestik und Mimik, also die nonverbalen Merkmale, vernachlässigt werden, die Sprache wesentlich unterstreichen (Sander und Spanier 2004).

Wie schon in Kapitel 2 dargestellt, nimmt der Begriff der phonologischen Bewusstheit als Vorläuferfähigkeit eine zentrale Stelle ein. Phonologische Bewusstheit zeigt sich in der Fähigkeit,

Wörter in Silben zu gliedern (To-ma-te), Silben zu klatschen und sich rhythmisch in entsprechenden Schritten zu bewegen, Reime zu bilden und zu erkennen (Kanne – Wanne), An- und Endlaute herauszuhören (z. B. Michael beginnt mit M). Phonologische Bewusstheit kann im Kindergarten durch Abzählverse, Singspiele, Reimlotto, Silbendomino gezielt gefördert werden (Kammermeyer 2003, 2004). Dabei lernen Kinder spielerisch, Wörter in ihre lautlichen Bestandteile zu zerlegen. Untersuchungen haben ergeben, dass Phonemanalyse und Phonemsynthese den größten Einfluss auf die späteren Lese- und Rechtschreibleistung haben (Martschinke, Kirschhock und Frank 2004). Kinder spielen gern Rollenspiele wie Muter-Kind, Einkaufen, Friseurbesuch usw. In diesen Rollenspielen trainieren sie Sprechen und Hören, grammatische Wendungen und richtige Aussprache und erweitern dabei ihren Wortschatz. Nach Breuer und Weuffen (2000) verfügen Kinder mit einem reichen Wortschatz fast ausnahmslos auch über eine gute phonematische Differenzierungsfähigkeit.

In Familie und Kindergarten wird der Grundstein für den Umgang mit Sprache im weitesten Sinn gelegt. Mit dem Begriff des Literacy-Konzepts sind Sprechen, Hören, Zuhören, Nacherzählen, Fragen, Antworten, Singen, Reimen, Kritzeln, Malen, Betrachten von Bilderbüchern und erste Lese-(Vorlese) und auch Schreiberfahrungen gemeint. In der frühen Kindheit und in der Kindergartenzeit bedeutet Literacy, Kinder mit der Lese- und Schreibkultur bekannt zu machen. Kinder wollen von sich aus kritzeln, malen und schreiben, sie haben Spaß daran und sind stolz auf ihre Fähigkeiten. Es ist eine falsche Einstellung, Lesen- und Schreibenlernen ausschließlich der Schule überlassen zu wollen und trifft allenfalls in Bezug auf das systematische Erlernen dieser Fertigkeiten zu. In Familie und Kindergarten wird das Interesse für die Lese- und Schreibkultur geweckt und sollte dadurch gefördert werden, dass die Kinder dazu angehalten werden, sich Bilderbücher zu betrachten, beim Vorlesen von Geschichten aufmerksam zuzuhören, die Geschichten eventuell nachzuerzählen und nachzuspielen. Bilderbücher und Vorlesesituationen sind die wirksamsten Methoden der Sprachförderung.

Sprechen, Lesen und Schreibenlernen basieren auf ganz bestimmten Sprachwahrnehmungsleistungen, den optisch-graphomotorischen, den phonematisch-akustischen, den kinästhetisch-artikulatorischen, den melodisch-intonatorischen und den rhythmisch-strukturierenden (Breuer-Weuffen 2000). Sie zeigen sich z. B. darin, ob Vorschulkinder Zeichen abmalen können, die Buchstaben ähnlich sind, Bilder klangähnlichen Begriffen zuordnen, Wörter nachsprechen, bekannte Kinderlieder vorsingen und einen vorgeklatschten Takt nachklatschen können. Sprechen, Lesen und Schreiben hängen eng miteinander zusammen und basieren auf den oben genannten „verbosensomotorischen Fähigkeiten", die eine der vielen Voraussetzungen für den erfolgreichen Übergang in die Grundschule darstellen. Selbstverständlich wird auch die Grundschule in der flexiblen Schuleingangsphase noch die Förderung dieser Fähigkeiten vornehmen, aber Kinder haben es dann leichter, den Schulübergang zu bewältigen, wenn sie in den lautsprachlichen Grundfertigkeiten geübt sind. Es gehört zur ganzheitlichen Förderung des Kindergartens, einen Beitrag dazu zu leisten (Abb. 20).

Abb. 20: Eine ganzheitliche Sprachförderung bedeutet

- Sprachförderung von Anfang an
- Sprachförderung gezielt und differenziert
- Sprachförderung im kindlichen Spiel
- Sprachförderung durch Dialog
- Sprachförderung durch modellhafte Kommunikation der Erzieherin

Die Grundlagen der Sprachförderung bestehen im Aufbau einer guten Beziehung, der Lust und Freude an der Kommunikation sowie in der sprachlichen Eigenaktivität. Der Blickkontakt und alle anderen nonverbalen Kommunikationsmittel sind von großer Bedeutung, denn sie vermitteln wichtige Botschaften über das Gesprochene hinaus. Es gibt genügend Sprechanlässe im Kindergarten, manche Kinder müssen zum Sprechen ermuntert werden, manche wiederum gebremst, manchmal steht Erzählen im Vordergrund, manchmal aber auch Zuhören. Im Förderbereich Sprache vermischen sich sprachliches Ausdrucksverhalten mit Rücksichtnahme aufeinander und soziales Verständnis füreinander. Wichtig ist ein kommunikatives Klima, in dem sich Kinder und Erzieherinnen wohl fühlen (Sander und Spanier 2004).

4.5 Die motorische Entwicklung

Die motorische Entwicklung eines Kindes ist stark an die ständig zunehmende Ausreifung des Nervensystems und das Wachstum der Muskulatur gekoppelt. Schon im Mutterleib bewegen sich Ungeborene, Bewegung ist ein Urbedürfnis des Menschen (Zimmer 2003a). Schon im frühesten Säuglingsalter versuchen Kinder, ihre Umwelt zu ergründen, berühren Objekte, bewegen sie hin und her und finden heraus, was geschieht. Sie setzen sich mit ihrer Umwelt selbsttätig auseinander, eignen sie sich an, sind aktiv und voller Neugier. Mit fortschreitendem Lebensalter erhält das Bewegungsbedürfnis auch die Funktion von Selbstständigkeits- und Unabhängigkeitsstreben. Einjährige krabbeln und robben, schon Zweijährige möchten ohne fremde Hilfe laufen, Dreijährige möchten alleine und ohne fremde Hilfe klettern, balancieren und Kindergartenkinder wollen toben, balgen, raufen und spielen. Sie brauchen ein hohes Angebot an Außenreizen wie Klettergerüsten, Rutschen, Spielwiesen. Sie sind ständig in Bewegung, lieben es, draußen und in freier Natur herumzulaufen, aber auch drinnen suchen sie ständig nach Bewegungsmöglichkeiten. Sie bauen nicht am Tisch, sondern mit Vorliebe auf dem Bauteppich am Boden, sie malen nicht im Sitzen, sondern oft im Stehen oder im Liegen, unterbrechen ihre Tätigkeit, laufen herum und kommen wieder an ihren Platz zurück. Bewegung ist der Motor allen Lernens. „Toben macht schlau", so tituliert Zimmer (2004) ihr neuestes Buch und macht damit deutlich, dass Bewegung und Lernen eine Einheit bilden. Kinder lernen mit allen Sinnen, die ersten Lernerfahrungen machen Kinder mit ihrem Körper: Strampeln, Greifen, Krabbeln, Sitzen, Stehen, Gehen, Laufen. Kinder sind immer in Bewegung.

Lernen geschieht im Kindesalter durch Bewegung und Wahrnehmung. Im Begriff der „Sensomotorik" wird die untrennbare Einheit von sensorischen und motorischen Handlungen deutlich, sie stellt nach Piaget (1947, 1972) die Grundlage für die gesamte geistige Entwicklung dar. Kinder hantieren und experimentieren mit Gegenständen, erfassen ihre Beschaffenheit und probieren Handlungen an ihnen aus. Die Erkenntnisgewinnung von Kindergartenkindern läuft über den Handlungs- und Bewegungsvollzug. Bewegung ist selbstverständlicher Bestandteil des Kindergartenalltags: von einem Kind zum anderen gehen, Aufsuchen einer anderen Kindergartengruppe, von drinnen nach draußen gehen, auf dem Kindergarengelände herumlaufen, turnen, rutschen und klettern, immer neue Aktions- und Interaktionsformen suchen.

Lernen durch Bewegung spielt auch noch bei Jugendlichen und Erwachsenen eine große Rolle und vollzieht sich auch bei ihnen durch das Zusammenspiel von Motorik, Sensorik und assoziativen kognitiven und emotionalen Verknüpfungen im Gehirn. Viele Menschen, ob ältere oder jüngere, lernen Vokabeln, Gedichte, Texte oder mathematische Formeln im Auf- und Abgehen oder beim Spazierengehen. Sie sprechen rhythmisch, klatschen, bewegen ihre Hände und Füße. Bewegung aktiviert die motorischen Zentren im Gehirn, erleichtert das Lernen und stärkt die Speicherung von Gedächtnisinhalten (Zimmer 2004). Die gedächtnispsychologische Forschung hat ergeben, dass gestisch und sprachliche Unterstützung die Lerninhalte doppelt kodiert und zu sicherer Speicherung der Lerninhalte im Langzeitgedächtnis führt. Durch die enge Verknüpfung von Motorik und Sensorik werden vielfältige Verbindungen zwischen den Nervenzellen geschaffen und neuronale Netzwerke aufgebaut, die wiederum das gezielte Abrufen von Informationen erleichtern. Bewegungsübungen stimulieren das Gehirn (Müller 2003).

Muskelaktivitäten führen schon in der frühen Kindheit zum Wachstum von Nervenzellen, die für Denk- und Lernleistungen von großer Bedeutung sind. Untersuchungen von Sportwissenschaftlern haben ergeben, dass Kinder mit guter Körperkoordination eine bessere Konzentration und oftmals auch bessere kognitive Leistungen aufweisen (Graf, Koch und Dordel 2002). Bewegung fördert diejenigen Stoffwechselprozesse, die für das Lernen notwendig sind. Bewegung ist jedoch nicht nur Aufgabe des Sportunterrichts, sondern sollte ein zentrales Element in der Vorschul- und Schulerziehung, ja auch noch im Berufsleben sein, denn es erhöht ganz allgemein die Leistungsfähigkeit und stärkt das Lebensgefühl und das Wohlbefinden.

Bewegung macht Spaß und ermöglicht weitere Entwicklungs- und Erkenntnisprozesse. Dies ist ein ganz wichtiger Gesichtspunkt, da durch die Freude an der Bewegung nicht nur die motorischen Zentren aktiviert werden, sondern auch Zentren des limbischen Systems, indem unsere Gefühle verankert sind. Positive Gefühle fördern das Lernen, negative Gefühle wie Angst vor Versagen blockieren es. Spitzer (2002) hebt die Bedeutung des limbischen Systems für alle Lernprozesse hervor. Bewegung fördert die Durchblutung des Gehirns und steigert die

Konzentration und Motivation, insofern ist sie nicht nur Selbstzweck, sondern steht auch im Dienste anderer Funktionen und Tätigkeiten, wie z. B. dem Lernen.

Bewegung führt zu Körper-, Material-, Selbst- und Sozialerfahrungen. Durch die Bewegung erfahren Kinder Selbstvertrauen und Sicherheit im Umgang mit ihrem Körper, sie gelangen zu immer größerer Sicherheit, Wendigkeit und Geschicklichkeit in der Grob- und Feinmotorik. Die Zunahme an Kraft und Ausdauer – auch bedingt durch beschleunigtes Muskelwachstum – führt zu mehr Initiative, Wagemut und oftmals auch Übermut, was körperlichen Einsatz anbetrifft. Das eigene körperliche Leistungsbewusstsein wird größer, Kinder vergleichen sich mit anderen Kindern, haben Erfolgs- oder auch Misserfolgserlebnisse. Kinder lieben Bewegungsspiele, in denen sie sich mit anderen messen können. Positive Bewegungserfahrungen führen zu einem positiven Selbstbild. Im Wettbewerb mit anderen Kindern lernen Kinder, sich durchzusetzen, bei Bewegungsspielen lernen sie, auf andere Rücksicht zu nehmen und die Leistungen anderer anzuerkennen (Zimmer 2003a).

Die Grundannahmen und Erkenntnisse der Zusammenhänge zwischen Motorik und Lernen sind in dem Begriff der Psychomotorik zusammengefasst. Es handelt sich dabei um eine Übungsbehandlung für Kinder mit Teilleistungsstörungen. Sie sollen sich, so ist das Ziel, über motorische Erfolgserlebnisse und soziale Anerkennung zu stabilen Persönlichkeiten entwickeln. Eine psychomotorische Übungsbehandlung sollte möglichst früh, aber spätestens im Kindergartenalter durchgeführt werden, zu einem späteren Zeitpunkt sind die Erfolge weniger offensichtlich.

5 Beobachten und Fördern als Aufgabe der Erzieherin

Nach Krenz (2005) gehört es zur Aufgabe der Erzieherin die ihr anvertrauten Kinder „aktiv" in ihrer Entwicklung zu begleiten. Unter „aktiv" kann auch die Beobachtung und die Förderung von Kindern verstanden werden. Beobachtungsaufgaben haben immer schon zu den Aufgaben der Erzieherinnen gehört. Mit den Schulrechtsänderungsgesetzen und den vielfältigen Projekten zum flexiblen Schulbeginn vieler Bundesländer sind Erzieherinnen jedoch noch mehr als bisher gefordert, die Stärken und Schwächen eines Kindes zu erkennen, festzuhalten und sie den Eltern zu übermitteln. Dafür müssen sie zwar Methoden der Beobachtung kennen, aber sich auch darüber im Klaren sein, dass es keine objektive Beobachtung gibt. Es ist jedoch immer besser, Eltern auf vermeintliche Schwächen aufmerksam zu machen, als diese zu übersehen oder zu ignorieren, denn Förderung muss früh einsetzen; und ein guter Ort für Förderung ist und bleibt der Kindergarten. Als kleines, aber wichtiges Bespiel für die Notwendigkeit einer früh einzusetzenden Korrektur gilt die Stifthaltung; eine falsche Haltung in der Kindergartenzeit ist später in der Schule kaum noch zu korrigieren.

Die zentrale Aufgabe der Erzieherin ist neben der Herstellung einer liebevollen Beziehung zu den Kindern, sie in ihren Fähigkeiten zu beobachten und die Beobachtungsergebnisse mit der Förderung abzustimmen. Des Weiteren geht es darum, die Beobachtungsergebnisse angemessen festzuhalten und den Eltern zu übermitteln, denn diese haben ein berechtigtes Interesse daran zu erfahren, welche Fort- oder auch Rückschritte ihre Kinder machen. Die Beobachtung des Kindes sowie die Rückmeldung der

Beobachtungsergebnisse an die Eltern ist Teil ihrer erzieherischen Tätigkeiten. Die Erzieherin hat täglich Gelegenheit, die Kinder zu beobachten: beim Spielen, Zuhören, Sprechen, Bauen, Basteln und Malen, im Umgang mit anderen Kindern und mit Erwachsenen. Sie sitzt jedoch dabei nicht stumm und bewegungslos da, sondern sie ist „teilnehmende Beobachterin", d. h. sie beobachtet Kinder im täglichen Umgang mit ihnen.

Indem die Erzieherin die Kinder bei ihren verschiedenen Tätigkeiten beobachtet, erkennt sie deren besondere Eignungen und Fähigkeiten, Entwicklungsfortschritte und auch -rückstände. Sie entscheidet, welche Hilfen und Unterstützung sie schwächeren Kindern geben und welche weiterführenden Angebote besonders begabten Kindern gemacht werden können. Beobachtung ist nicht Selbstzweck, sondern steht immer in einem Zusammenhang mit Rückschlüssen und, wenn nötig, mit Fördermaßnahmen (Nuding 1997). Die Beobachtung sollte nicht erst kurz vor Schulbeginn einsetzen, sondern sie gehört zur Betreuungs-, Erziehungs- und Bildungsaufgabe der Erzieherin und ist Bestandteil ihrer Tätigkeit während der gesamten Kindergartenzeit eines Kindes (Beck und Scholz 1995). Beobachtung und auch Förderung richten sich stets auf die Gesamtpersönlichkeit des Kindes, sind jedoch gegen Ende der Kindergartenzeit verstärkt auf die Fähigkeiten ausgerichtet, die ein Schulkind aufweisen sollte: Was kann es, was kann es noch nicht? Was fällt ihm schwer, was fällt ihm leicht? Worin hat es Stärken, worin Schwächen? Was genau muss gefördert werden?

Beobachtungsergebnisse können sehr subjektiv und relativ zufällig zustande kommen. Die Erzieherin beobachtet z. B., dass ein Kind ein anderes schlägt. Kann und darf sie nun aus der einmaligen Beobachtung die Schlussfolgerung ziehen und sagen, dass es sich um ein „aggressives Kind" handelt? Nein, denn das käme einer vorschnellen und außerdem auch unzulässigen Bewertung gleich. Sie muss in jedem Fall den Kontext mit berücksichtigen, in dem das Verhalten aufgetreten ist, und versuchen herauszufinden, welches Anlass und Ursache waren. Auch spielt die Häufigkeit einer solchen Verhaltensweise bei der Beurteilung eine Rolle.

5.1 Kriterien einer guten Beobachtung

Was macht eine „gute" Beobachtung aus? Sie sollte verschiedene Kriterien erfüllen und nicht zu einer Bewertung der Verhaltensweise des Kindes führen und auch keine Interpretation darstellen. Eine gute Beobachtung ist absichtsvoll, selektiv und zielgerichtet. Sie liefert erste Hinweise auf bestimmte Verhaltensweisen, auf Stärken und Schwächen des Kindes. Damit ist sie Grundlage für Elterngespräche. Eine gute Beobachtung bezieht sich auf eine zu beobachtende, d. h. sichtbare Verhaltensweise des Kindes. Das folgende Beispiel beschreibt den Übergang von einer momentanen, zufälligen Beobachtung zur absichtsvollen, selektiven und zielgerichteten Beobachtung, die aus Planung und Wiederholung zu mehreren unterschiedlichen Zeitpunkten besteht und die schließlich dazu führt, dass die Beobachtung den Eltern des Kindes mitgeteilt werden kann.

> Einer Erzieherin im Kindergarten fällt auf, dass ein vierjähriges kleines Mädchen, das neu in ihrer Gruppe ist, ihr nicht die Hand bei der Begrüßung gibt, sie weder anblickt noch mit ihr spricht. Sie misst dieser eher beiläufigen Beobachtung keine Bedeutung zu, doch ihr fällt zunehmend auf, dass das Mädchen auch nicht mit anderen Kindern spricht. So wird das Mädchen eines Morgens von einem anderen angesprochen und ganz freundlich gefragt, ob es mit ihm in der Puppenecke spielen möchte, und die Erzieherin beobachtet wieder einmal mehr oder weniger absichtslos, dass das Mädchen

nicht antwortet, sondern nur nickt. Jetzt wird ihr bewusst, dass sie es noch nie ein Wort hat sagen hören. Kann sie nicht sprechen? Will sie nicht sprechen? Die Erzieherin beschließt für sich, das Mädchen näher zu beobachten. Sie hält sich nun ganz bewusst in der Nähe des Mädchens auf und provoziert behutsam Situationen, in denen sie und andere Kinder es zum Sprechen animieren. Aber das Mädchen bleibt stumm. Nachdem die Erzieherin einige Tage abgewartet hat und wiederholt das Sprachverhalten des Mädchens in den Mittelpunkt ihrer Aufmerksamkeit gestellt und immer wieder beobachtet hat, dass das Mädchen nichts sagt, beschließt sie, die Mutter um ein Gespräch zu bitten.

Beobachtungsverläufe wie diese ergeben sich im Kindergarten häufig: Die Erzieherin beobachtet das Kind beiläufig, dann wiederholt, absichtsvoll und selektiv, bis sich ihr Eindruck verfestigt und sie das Ergebnis den Eltern mitteilen möchte. Vieles erfassen erfahrene Erzieherinnen allerdings auch intuitiv. Es ist für Erzieherinnen nicht einfach, mehrere Kinder gleichzeitig, gezielt und absichtsvoll über einen längeren Zeitraum hinweg zu beobachten. Sie haben wie alle Beobachter in quantitativer und auch qualitativer Hinsicht Aufnahme- und auch Verarbeitungsgrenzen. Sie können nicht alles gleichzeitig wahrnehmen, aufnehmen, behalten und registrieren. Die Komplexität des Verhaltens von Kindern ist groß. Es besteht die Gefahr, dass Erzieherinnen ihre Wahrnehmung auf ganz bestimmte Verhaltensweisen des Kindes lenken und wiederum andere ausblenden und damit übersehen. Auch ihre Erwartungen spielen im Beobachtungsprozess eine Rolle und können das Ergebnis beeinflussen. Wenn ihre Grundüberzeugungen darin bestehen, dass ein Kind schulfähig ist, werden sie besonders jene Anzeichen wahrnehmen und registrieren, die für seine Schulfähigkeit sprechen. Sind sie jedoch der Meinung, dass es noch nicht schulfähig ist, werden ihnen all jene Verhaltensbestandteile verstärkt auffallen, die diese Auffassung stützen.

Um zu einem objektiveren Beobachtungsergebnis zu gelangen, könnten zwei Erzieherinnen gleichzeitig beobachten. Die Erfahrung hat jedoch gezeigt, dass es auch dabei unterschiedliche Resultate geben kann. Das hat wiederum etwas mit ihren Vorerfahrungen und ihren Informationen über das Kind zu tun. Unterschiedliche Einstellungen haben eine auswählende und steuernde Wirkung auf die Wahrnehmung und können damit zu unterschiedlichen Beobachtungs- und auch Deutungsergebnissen führen. Eine vollkommen objektive Beobachtung gibt es nicht. Es kann nur Annäherungen daran geben, daher ist die Form der Beobachtung durch zwei Personen, wenn sie denn leistbar ist und nicht zu aufwändig erscheint, trotz der Einschränkungen sicherlich eine gute Möglichkeit für Erzieherinnen, einem „objektiven" Beobachtungsergebnis zumindest nahe zu kommen.

Eine Variante dieser Beobachtungsform besteht darin, dass sich Erzieherinnen in der Beobachtung zeitlich abwechseln und ihre Beobachtungsprotokolle anschließend miteinander austauschen und besprechen. Damit können die Wahrnehmungsergebnisse auch zuverlässiger und „objektiver", d. h. Personen unabhängiger werden, aber es wäre noch nicht gewährleistet, dass sie sich auf genau dieselben Verhaltenseinheiten des Kindes beziehen (Keller 1998). Das heißt also, dass es den vollkommenen Beobachter, die „objektiv" beobachtende Erzieherin, nicht geben kann und dass Beobachtungsdaten nie Abbilder der Wirklichkeit sind (Faßnacht 1995; Sanger und Kroath 1998). Aber Beobachtung ist trainierbar. Je öfter Erzieherinnen gezielte Beobachtungen durchführen, diese reflektieren und mit Kolleginnen besprechen, desto zuverlässiger werden die Ergebnisse sein.

5.2 Methoden der Beobachtung

Sämtliche Methoden der Beobachtung basieren auf der Fähigkeit, mit allen Sinnen wahrzunehmen, überwiegend aber zu sehen und zu hören. Die Methoden unterscheiden sich in der Art und Weise (Abb. 21).

Abb. 21: Beobachtungskriterien

- wer die Beobachtung durchführt,
- ob ein oder mehrere Kinder gleichzeitig beobachtet werden,
- was genau, d. h. welche Verhaltensweisen beobachtet werden,
- wie und wie oft beobachtet und auf welche Weise das Beobachtungsergebnis festgehalten und registriert wird.

Verbalprotokoll:

Das Verbalprotokoll ist ein gängiges, jedoch nicht unproblematisches Verfahren. Die Erzieherin beobachtet gezielt ein Kind und schreibt innerhalb eines gewissen Zeitraumes alles auf, was sie hört und sieht. Das Verbalprotokoll stellt jedoch hohe Anforderungen an ihre Wahrnehmungsfähigkeit, denn sie kann nicht alles auf einmal erfassen. Einige Verhaltensweisen werden ihr entgehen. Während sie schreibt, kann sie nicht mehr so genau beobachten, und Verzerrungseffekte können sich durch mangelnde Aufmerksamkeit und durch Ablenkung ergeben. Es ist schwierig, zu beobachten und gleichzeitig neben der beobachtenden Tätigkeit ein Protokoll zu erstellen. Selbst wenn die Erzieherin es im Nachhinein aufschreibt oder diktiert, kann es durch mangelnde Gedächtnisleistungen beeinträchtigt sein.

Dennoch sind Verbalprotokolle geeignete Beobachtungsmethoden. Sie sollten sich jedoch auf kurze Beobachtungseinheiten beziehen und dafür des Öfteren wiederholt werden, so dass die Erzieherinnen auf diese Weise zu einer Sammlung von mehreren Beobachtungen kommen, die sich auf verschiedene Zeitabstände beziehen.

Kategoriensystem:

Das zu beobachtende Verhalten wird von der Erzieherin vorher in Kategorien eingeteilt und damit festgelegt. Auf diese Weise weiß sie genau, worauf sie zu achten hat und was sie beobachten und festhalten will. Für die Beobachtung des Konzentrationsverhaltens könnte ein solches Kategoriensystem z. B. lauten:

Konzentration	Ja	Nein
▪ bleibt für ca. 15 Minuten bei einer Tätigkeit		
▪ lässt sich ablenken (unterbricht seine Tätigkeit und beginnt mit einer anderen)		
▪ zeigt bei Beschäftigungen Müdigkeit (gähnt, legt Kopf auf die Arme, wippelt)		
▪ schweift ab (guckt woanders hin)		

Voraussetzung für die Beobachtung in Kategoriensystemen ist, dass sich die Erzieherin vorher überlegt, woran sie z. B. Konzentrationsverhalten erkennt bzw. welche Verhaltensweisen nicht dazu gehören. Eine Übereinstimmung mit anderen Erzieherinnen in dieser Hinsicht wäre sehr wünschenswert. Wenn eine Erzieherin dann noch gemeinsam mit einer Kollegin die Beobachtung durchführt, gleichzeitig oder zeitlich nacheinander, könnte dies die Zuverlässigkeit des Beobachtungsergebnisses erhöhen.

Rating:

Hierbei werden Urteile über den Ausprägungsgrad mehrerer zu beobachtender Verhaltensweisen gefällt. Dies setzt bei der Beobachtung zum einen voraus, dass die Erzieherin sich darüber im Klaren ist, was sie unter „häufig", „wenig" und „selten" versteht, zum anderen, dass sich die Beobachtungseinheit auf einen längeren Zeitraum bezieht, denn sonst könnte sie nicht die Abstufungen „häufig", „wenig" und „selten" vornehmen.

Konzentration	häufig	wenig	selten
▪ bleibt für ca. 5 Minuten bei einer Tätigkeit			
▪ lässt sich ablenken (unterbricht seine „Tätigkeit und beginnt mit einer anderen)			
▪ zeigt bei Beschäftigungen Müdigkeit (gähnt, legt Kopf auf die Arme, wippelt)			
▪ schweift ab (guckt woanders hin)			

Eine Variante dieser Beobachtung und Registrierung besteht in differenzierteren Abstufungen, die mit Zahlen oder mit verbalen Bezeichnungen vorgenommen werden. Will die Erzieherin z. B. beobachten, wie oft ein Kind mit anderen Kindern spielt, dann kann sie folgendermaßen vorgehen:

Bsp. Kontakt: Das Kind spielt mit anderen Kindern

1	2	3	4	5
sehr selten	manchmal	teils teils	oft	sehr oft

Hierbei kreuzt die Erzieherin mit Hilfe der Skala an, wie oft das Kind mit anderen Kindern spielt. Voraussetzung ist auch hier, dass sie sich die Bedeutung der Zahlen bzw. Ziffern im Voraus klar macht. Diese Art der Registrierung ist zwar ökonomisch, wird jedoch am Ende eines festgelegten Beobachtungszeitraumes vorgenommen und appelliert damit an das Erinnerungsvermögen der Erzieherin.

Ereignisstichprobe:

Ist die Erzieherin an *einem* und nur an *einem* bestimmten Verhalten eines Kindes interessiert, dann wartet sie, bis dieses Verhalten auftritt, um es dann in seiner Auftretenshäufigkeit zu protokollieren. Es könnte z. B. die Frage von Interesse sein, wie oft an einem Kindergartenvormittag bei einem bestimmten Kind aggressives Verhalten auftritt. Immer dann macht sie auf ihrer Liste einen Strich:

Aggressives Verhalten (schlagen, wegnehmen, schubsen, stoßen, spucken, beschimpfen)	| | | |

Diese Beobachtung kann als „systematische Beobachtung in natürlichen Situationen“ bezeichnet werden. Sie unterscheidet sich von der unsystematischen und zufälligen Beobachtung dadurch, dass die Erzieherin sich auf den Beobachtungsprozess einstellt, ihre Beobachtung auf einen bestimmten Verhaltensbereich beschränkt und nach einem festgelegten Plan vorgeht (Strichliste, Rating usw.).

Alle oben genannten Beobachtungsmethoden sind für Erzieherinnen praktikabel. Welche sich am besten eignen, kann hier nicht entschieden werden, da es immer auch von den persönlichen Vorlieben der Erzieherin, der Vertrautheit mit der jeweiligen Methode und ihrer konkreten Beobachtungsabsicht abhängt, zu welcher Methode sie greift. Für alle Methoden gilt: Je genauer die Erzieherin beobachtet und je präziser sie ihre Beobachtungsergebnisse festhält, desto besser kann sie sich ein Bild über die Stärken und Schwächen eines Kindes machen.

Verfahren zur Einschätzung der Schulfähigkeit

Die Mehrzahl der schulpflichtigen Kinder braucht keine spezielle Testdiagnostik. Sie werden unabhängig von ihrem augenblicklichen Entwicklungsstand eingeschult. Es wird davon ausgegangen, dass in der Schuleingangsphase genügend Zeit und Raum zur Verfügung steht, um sie zur Schulfähigkeit zu führen. Nur schwerwiegende medizinische Gründe führen zu einer Zurückstellung. Aber es gibt auch nicht schulpflichtige Kinder, z. B. Fünfjährige, bei denen sich Erzieherinnen und/oder Eltern in der Einschätzung der Schulfähigkeit unsicher sind und gerne über ihre Beobachtungen hinaus mehr Auskunft hätten. Bei diesen Kindern könnten Verfahren zur Ermittlung der Schulfähigkeit eingesetzt werden, da diese zu einer gezielten und vertieften Abklärung ihres Entwicklungsstandes und zu einer angemessenen Entscheidung führen können.

Es gibt zwei Verfahren, die für die Einschätzung der Schulfähigkeit eines Kindes durch Erzieherinnen hilfreich sein können, den „Beurteilungsbogen für Erzieherinnen zur Diagnose der Schulfähigkeit“ (BEDS) von Ingenkamp (1991) und „die diagnostischen Einschätzskalen“ (DES) von Barth (2000). Ersterer ist ein „standardisiertes Verfahren“ und führt in seinen Ergebnissen auf der Grundlage eines Vergleichs mit vielen anderen Kindern (Eichstichprobe) zu Normwerten. Zweiterer ist ein „informelles“ d. h. ein nicht standardisiertes Verfahren. Es ermittelt keine Normwerte, sondern ist ein Förderinstrumentarium, das mögliche Schwächen des Kindes frühzeitig aufdeckt, damit diese durch geeignete Maßnahmen behoben werden können. Die BEDS entstammen einer Zeit, in der Schulfähigkeit noch als eine zu einem bestimmten Zeitpunkt messbare Größe angesehen wurde. Die Einstellung zur Schulfähigkeit hat sich jedoch grundlegend verändert (s. Kap. 2 und 3), sodass man heute von standardisierten Verfahren (Statusdiagnostik) absieht und allenfalls Beobachtungsbögen als prozessdiagnostische Hilfen einsetzt. Im Folgenden sollen beide Verfahren näher beschrieben und dabei Vor- und Nachteile angesprochen werden.

Beurteilungsbogen für Erzieherinnen zur Diagnose der Schulfähigkeit (BEDS):

Der „Beurteilungsbogen für Erzieherinnen zur Diagnose der Schulfähigkeit“ von Ingenkamp (1991) enthält drei Skalen: „sprachlich kognitive Leistungen“, „Sozial- und Arbeitsverhalten“ sowie „allgemeine Schulfähigkeit“. Sie beziehen sich insgesamt auf 40 Items. Ingenkamp empfiehlt den Erzieherinnen, ihre Kinder mindestens ein halbes Jahr gezielt zu beobachten, bevor der Beurteilungsbogen dann in Zusammenarbeit von Kindergarten und Grundschule im letzten Vierteljahr vor der Schulanmeldung eingesetzt wird. Für jedes Kind ist ein eigener Bogen vorgesehen, die Beobachtungsergebnisse werden nach fünf Graden der Intensität von „Ja“ oder „Sehr ausgeprägt“ bis „Nein“ oder „Gar nicht erkennbar“ eingestuft. Eine sechste Antwortkategorie betrifft „Nicht beobachtet“.

Von den 40 Items, die von den Erzieherinnen zu beantworten

sind, seien jeweils die ersten drei hier beispielhaft angegeben (Abb. 22).

Abb. 22: Auszug aus dem BEDS

	ausgeprägt				
Sprachlich-kognitive Leistungen	**ja**	**öfter**	**teils-teils**	**seltener**	**nein**
Beherrscht das Kind die Mehrzahl- und Einzahlbildung von Wörtern, die im Kindergartenalltag vorkommen?					
Kann das Kind Wörter aussprechen, in denen die Lautverbindungen „br“, „kl“, „pf“, „fr“ vorkommen?					
Kann das Kind alle Laute richtig artikulieren (z. B. „s“, „f“, „k“, „l“, „r“, „h“, „sch“)?					

	ausgeprägt				
Arbeits- und Sozialverhalten	**ja**	**öfter**	**teils-teils**	**seltener**	**nein**
Respektiert das Kind Verbote (z. B. bestimmte Gegenstände nicht zu benutzen)?					
Wird das Kind im Streit mit anderen Kindern unsachlich und aggressiv (verbal oder körperlich)?					
Passt das Kind sein Verhalten den Anforderungen unterschiedlicher Situationen an (z. B. Stuhlkreis, Gruppenspiel, Freispiel, Stillbeschäftigung)?					

	ausgeprägt				
Allgemeine Schulfähigkeit	**ja**	**öfter**	**teils-teils**	**seltener**	**nein**
Kann das Kind die Formen Rechteck, Kreis und Dreieck erkennen und benennen?					
Kann das Kind Mengenunterschiede (gleich, mehr, weniger) erkennen und benennen?					
Kann das Kind eigene Erlebnisse und Erfahrungen verständlich und zusammenhängend ausdrücken (z. B. Wochenenderlebnisse und Geschichten nacherzählen)?					

Bei der Durchführung und Beantwortung der Items des BEDS ergibt sich allerdings für Erzieherinnen die Schwierigkeit, die Items für einzelne Kinder aus dem Gedächtnis heraus beantworten zu müssen, denn sie beobachten nicht „in natürlichen Situationen“ und registrieren ihre Beobachtungen auch nicht sofort, sondern sie beantworten die Fragen aus dem Gedächtnis heraus. Dadurch könnten sich Verzerrungen und Fehleinschätzungen durch Erinnerungslücken ergeben. Aber der Vorteil liegt darin, dass das Augenmerk der Erzieherin auf ganz bestimmte Fähigkeitsmerkmale der Kinder gelenkt wird.

Diagnostische Einschätzskalen (DES)

Die „Diagnostischen Einschätzskalen" von Barth (2000) sind ein „Screening-Verfahren" zum Aufspüren von Entwicklungsrückständen, das von Erzieherinnen im letzten Jahr vor der Einschulung oder auch bei Fünfjährigen eingesetzt werden kann. Es ermöglicht über die Feststellung des Entwicklungstandes eines Kindes hinaus eine fundierte Elternberatung sowie eine Orientierung darüber, welche Fachdienste noch zusätzlich zur diagnostischen Abklärung von eventuellen Entwicklungsrückständen eingeschaltet werden sollten. Der Konzeption der DES liegt nach Angaben des Autors ein integrativer Ansatz zugrunde, in dem neurophysiologische Erkenntnisse, Forschungsergebnisse zur Vorhersage von Lese-Rechtschreibschwierigkeiten und Rechenstörungen miteinander verbunden sind (Barth 2000).

In den DES werden mehrere Entwicklungsbereiche angesprochen wie Seitigkeit, Motorik und Bewegungsempfinden eines Kindes, visuelles und auditives Gedächtnis, visuelle und auditive Wahrnehmungsverarbeitung, Merkfähigkeit, Sprechen (Lautbildung) und Sprache (Sprachverständnis), Körperschema, Aufmerksamkeit, Konzentration und Ausdauer, Affektivität, emotionale Grundstimmung und Sozialverhalten. Das Verfahren stellt gezielte Beobachtungssituationen her, in denen von einem bestimmten Verhalten auf eine bestimmte zugrunde liegende Beeinträchtigung bestimmter Funktionen geschlossen werden kann, z. B. „Ich möchte einmal sehen, wie lange du auf einem Bein hüpfen kannst" (Gleichgewichtswahrnehmung) oder „ Ich klatsche dir nun etwas vor, hör genau zu, damit du es genau so klatschen kannst wie ich" (auditiv-motorische Integration) oder „Ich sage dir jetzt einen Zauberspruch. Pass gut auf und sprich mir nach" (Kurzzeitgedächtnis)! Auf diese Weise kann die Erzieherin eine Fülle von Beobachtungssituationen auch aus spielerischen Tätigkeiten ableiten und so zu wichtigen Einschätzungen der Fähigkeiten eines Kindes kommen. Sie erklärt die Aufgaben kindgemäß, d. h. in der Sprache des Kindes und beobachtet seine Bereitschaft und Neigung, die Aufgaben durchzuführen, seine Reaktion auf Erfolg oder Misserfolg, seine Durchführungsgenauigkeit und seine Aufmerksamkeitsspanne. Wichtig ist es, auf eine stressfreie Atmosphäre zu achten und keine Prüfungsatmosphäre aufkommen zu lassen. Der Auswertungs- und Einschätzbogen sieht für 28 Fähigkeiten und Entwicklungsbereiche

Abb. 23: Auszug aus den DES

Bereiche	sehr ausgeprägt	ausgeprägt	teils/teils	beeinträchtigt	stark beeinträchtigt
Feinmotorik (Finger- und Handgeschicklichkeit, visuomotorische Koordination, Graphomotorik					
Grobmotorik (Gleichgewichtswahrnehmung, Körperkoordination)					
Kinästhetische Wahrnehmung (Fingerdifferenzierung, Kreisen mit den Zeigefingern, Finger-Nase-Versuch, Imitieren, Zielgenauigkeit					

Bereiche	sehr ausgeprägt	ausgeprägt	teils/teils	beeinträchtigt	stark beeinträchtigt
Körperschema, Körperorientierung (Mensch-Zeichnen, wesentliche Körperteile benennen, Bewegungsplanung)					
Phonologische Bewusstheit (Lautanalyse, Lautsynthese, Silbensegmentierung, Reimpaare erkennen)					

eine fünfstufige Bewertungsskala von „sehr ausgeprägt“ bis „stark beeinträchtigt“ vor. Beispielhaft seien auch hier einige Bereiche, die mit mehreren konkret formulierten Aufgabenstellungen erfasst werden, angegeben (Abb. 23).

Das Vorgehen bei der Verwendung der DES hat einen großen Vorteil gegenüber dem BEDS von Ingenkamp, da die Erzieherin hier nicht aus der Erinnerung eine Beurteilung abgeben muss, sondern unmittelbar nach der Beobachtung in einer konkreten Situation. Ihre Ergebnisse werden also nicht durch Gedächtnismängel verzerrt. Barth möchte die Tagesform des Kindes, momentane Müdigkeitserscheinungen, Lust/Unlust usw. berücksichtigt wissen, aber er sagt nichts darüber aus, ob die Beobachtungen wiederholt, welches Beobachtungsergebnis gewertet werden sollte und wie man verhindern kann, dass mit der zweiten oder dritten Beobachtungssituation Übungserfolge erzielt werden. Diese sind zwar grundsätzlich nicht abzulehnen, würden aber die Erhebung eines Ist-Zustandes zu einem bestimmten Zeitpunkt beeinflussen.

Bei beiden Testverfahren ist die Güte und Zuverlässigkeit der Beurteilung stets von den Erfahrungen der Erzieherinnen im Umgang mit Kindern abhängig sowie von ihren Kenntnissen aus dem Bereich der Entwicklungspsychologie und ihrem aktuellen Wissen über Einstellung zur Schulfähigkeit. Ihre Beurteilungssicherheit steigt mit der Anzahl der beurteilten Kinder und der Häufigkeit, mit der sie ihre Kriterien im Team der Erzieherinnen bespricht und zur Diskussion stellt. Wie immer sich die Erzieherin entscheidet, welche Beobachtungsform und welche Beobachtungsmethoden sie wählt, sie sollte ihre eigene Rolle als Beobachterin stets kritisch hinterfragen. Es wäre wünschenswert, wenn sich die Erzieherinnen eines Kindergartens auf Beobachtungsinhalte einigen würden. Dazu ist es notwendig, sich in Absprache mit den Grundschullehrerinnen und -lehrern darüber zu verständigen, was „Schule" von den Kindern erwartet, über welche Fähigkeiten und Fertigkeiten „Schulkinder" bei der Einschulung verfügen sollten. Es bleibt in jedem Fall der Erzieherin überlassen, ob sie überhaupt ein Verfahren zur Absicherung ihrer eigenen Einschätzung benötigt. Eine systematische, regelmäßige und prozessorientierte Beobachtung ist in jedem Fall sinnvoller als eine punktuelle Testung (Ulich 2003a).

5.3 Beobachtungs- und Förderbereiche

Schulfähigkeit stellt keine einheitliche Größe dar: Kinder können Stärken auf einem Gebiet und Schwächen auf einem anderen haben und doch schulfähig sein. Dennoch soll versucht werden, einzelne Beobachtungs- und Förderbereiche konkreter zu beschreiben, wobei auch die Grenzen der Förderung im Kindergarten aufgezeigt und auf Möglichkeiten der professionellen Hilfe verwiesen wird.

Kognitive Kompetenz

Häufig fragen Eltern die Erzieherin ihres Kindes etwas unsicher: „Wie beurteilen Sie die Intelligenz unseres Kindes?“ Diese Frage ist schwer zu beantworten. Intelligenz ist die Fähigkeit, unter Rückgriff auf angeborene und erworbene Fähigkeiten, angemessen auf neuartige Situationen zu reagieren. Die Erzieherin kann den Eltern darüber Auskunft geben, welche der anschaulichen oder auch konkreten Operationen im Sinne der Piaget’schen Intelligenzentwicklung ihr Kind schon beherrscht. Sie kann dabei auf vielfältige Beobachtungen zurückgreifen und diese den Eltern schildern, ohne sich dabei auf die Angabe „intelligent“ oder „nicht sehr intelligent“ festlegen zu lassen. Am besten schildert sie konkret, was sie beobachtet, gehört und gesehen hat. Sie teilt den Eltern z. B. mit, ob das Kind Mengen bis fünf erfassen, ob es bis zehn zählen, geometrische Merkmale (Dreieck, Viereck) unterscheiden, Beziehungen erkennen (größer/kleiner), Kategorien und Oberbegriffe bilden (Hund und Katze sind beides Tiere; Stuhl und Tisch sind beides Möbel), Bildinhalte und Geschichten behalten und kleinere Rechenaufgaben („Du hast drei Bälle und verlierst einen, wie viele hast du dann noch?“) lösen kann. Die Erzieherin stützt sich dabei auf ihre Beobachtungen beim Umgang des Kindes mit den verschiedensten Spielmaterialien (Memory, Differix, Schau genau, Mensch ärgere dich nicht usw.).

Denkfähigkeit ist auch immer an das sprachliche Ausdrucksvermögen gebunden. Kann das Kind schlussfolgernd denken und z. B. „Wenn-dann-Beziehungen“ sprachlich erfassen? Versteht es, wenn die Erzieherin ihm sagt: „Wenn du das machst, dann passiert das und das?“ Im Kindergartenalltag hat die Erzieherin vielfältige Möglichkeiten spielerisch festzustellen, welche konkreten Operationen das Kind schon vornehmen kann, sie stellt z. B. eine Reihe von Klötzchen vor das Kind und bittet es, sie der Größe nach zu ordnen und danach die Reihenfolge mit anderen Klötzchen logisch fortzusetzen. Oder aber sie lässt das Kind sogenannte „Zuordnungsübungen“ machen, indem sie z. B. eine Reihe von Gabeln auf den Tisch legt und das Kind auffordert, den Gabeln dieselbe Anzahl von Messern zuzuordnen. Sie kann diese Übung erschweren, indem sie die Reihe der Gabeln auseinanderzieht, die Reihe der Messer zusammenschiebt und dann das Kind fragt, ob gleich viele Gabeln und Messer vorhanden seien. Wenn die Kinder im Kindergarten frühstücken oder zu Mittag essen, ergeben sich auch vielfältige Möglichkeiten, Reihungen und Zuordnungen vornehmen zu lassen. („Hat jedes Kind einen Becher?“ „Hier haben wir gleich viele Tassen und Untertassen. Jetzt stelle ich die Tassen so zusammen und die Untertassen so, haben wir jetzt immer noch gleich viele Tassen und Untertassen?“) Solche und andere Übungen mit ganz unterschiedlichem Material (Perlen, Münzen, Murmeln etc.) entsprechen den Vorschlägen Piagets und trainieren die Denkfähigkeit. Auf diese Weise werden spielerisch die Problemlösefertigkeiten der Kinder geschult, ohne dass dies einem „gezielten Denktraining“ im Sinne eines Tests gleichkäme. Die Effektivität von psychologischen Trainingsprogrammen zur Erhöhung der kognitiven Fähigkeiten ist ohnehin begrenzt, wie vielfältige Untersuchungen ergeben haben (Hasselhorn, Schneider und Marx 2005).

Im Kindergarten haben Erzieherinnen die Möglichkeit, kontinuierlich über Wochen und Monate hinweg spielerisch Übungen anzubieten und durchzuführen, welche die Kinder dazu herausfordern nachzudenken, Vergleiche anzustellen, Beziehungen herzustellen und Verschiedenheit und Gleichheit von Mengen und

Substanzen festzustellen. Mit anderen Worten, die Kinder werden dadurch gleichsam für alle diejenigen Denkoperationen sensibilisiert, die von ihnen später als Schulkinder verlangt werden, ohne jedoch gezielt darauf hinzuarbeiten. Die Denkleistungen eines Kindes hängen eng mit dem Erwerb der Sprache zusammen. In der Schule werden dem Kind überwiegend sprachgebundene Leistungen abverlangt.

Sprachkompetenz

Ein Kindergartenkind, dessen Eltern Deutsch sprechen und das in Deutschland aufgewachsen ist, hat am Ende seiner Kindergartenzeit gewöhnlich die grammatischen Formen der Erwachsenensprache erworben. Einige grammatische Fehler können durchaus noch vorkommen, und die Bildung von Passivsätzen noch schwer fallen, aber es spricht in vollständigen Sätzen, gebraucht auch Nebensätze, kann die Verbformen beugen (ich gehe, du gehst …), spricht in Pronomen, Adverbien und Adjektiven, spricht in Ich-Form und nennt sich nicht mehr selbst mit Namen (Es sagt: „Ich habe Durst“ und nicht „Peter will trinken“) und kann sein augenblickliches Tun angemessen benennen. Nicht alle Kinder, vor allem auch diejenigen, deren Eltern die deutsche Sprache nicht bzw. nicht so gut beherrschen, verfügen über diese Fähigkeiten. Etliche beherrschen die grammatischen Strukturen nicht und weisen einen nur geringen Wortschatz auf.

Wenn Eltern die Erzieherin fragen: „Wie beurteilen Sie das sprachliche Ausdrucksvermögen meines Kindes?“, dann kann sie Einzelbeobachtungen schildern, eventuell auch auf einen der vorgestellten Beobachtungsbögen zurückgreifen, um ihre Antworten zu begründen. Sie wird angeben, ob das Kind spontan spricht oder nur dann, wenn es gefragt wird, ob es beim Spielen sprechend in verschiedene Rollen schlüpfen und ob es im Rollenspiel den einzelnen imaginierten Spielpartnern Worte in den Mund legen kann. Sie wird sagen können, ob es gewöhnlich mit anderen Kindern sprachlichen Kontakt aufnimmt, ob es nach Aufforderung im Gesprächs- bzw. Sitzkreis vom Wochenende erzählen mag, ob es Einzelheiten über Erlebnisse in der Familie schildert, von Geschwistern berichtet und ob es Geschichten, die vorgelesen worden sind, wiedergeben kann. Sie wird all dies aus der Erinnerung berichten oder sich auf Vermerke und Protokolle stützen, die sie angefertigt hat.

Die Erzieherin kann darauf verweisen, dass das richtige lautgetreue Hören und Sprechen eine sehr wichtige Voraussetzung für das Erlernen des Lesens und Schreibens ist. Im Kindergarten wird dies oftmals über Abzählverse, Reime, kleine Gedichte erzielt, die den Kindern Spaß machen und gleichzeitig auch ihre sprachlichen und akustischen Fähigkeiten schulen. Viele Erzieherinnen sind im Bielefelder Screening Verfahren (BISC) von Jansen, Mannhaupt, Marx und Skowronek (1999) fortgebildet worden, einer bewährten diagnostischen Hilfe zur Erkennung von sprachlichen und akustischen Differenzierungsschwächen. Mit Hilfe des BISC ist es möglich, förderbedürftige Kinder frühzeitig zu erkennen und zu fördern, um präventiv tätig zu sein und einer sich schon zu diesem Zeitpunkt anbahnenden Lese-Rechtschreibschwäche vorzubeugen. Die Erzieherin kann Eltern außerdem beschreiben, wie sie selbst darüber hinaus in der Kindergartenarbeit versucht, eine phonologische Bewusstheit bei den Kindern in spielerischer Form durch Lautsynthese, Lautanalyse, Silbensegmentierungen zu schaffen (Küspert und Schneider 2000, Martschinke, Kammermeyer u. a. 2004). Phonologische Bewusstheit heißt u. a. Buchstaben, Laute und Silben heraushören und nachsprechen zu können.

Einige Kinder weisen Verzögerungen in der Sprachentwicklung auf, die manche Eltern noch nicht bemerkt haben. Dann ist es die Pflicht der Erzieherin, Eltern darauf aufmerksam zu machen, dass ihr Kind z. B. grammatisch noch nicht richtig spricht, die Einzahl- und Mehrzahlbildung noch nicht beherrscht, Endungen verschluckt, eventuell noch nicht alle Laute bzw. Buchstaben richtig aussprechen kann oder auch Sprachstörungen aufweist, wie Stottern, Stammeln, Lispeln, Poltern oder Ähnliches. Viele Eltern ahnen zwar, dass die sprachlichen Fähigkeiten ihres Kindes noch nicht so gut ausgeprägt sind, aber sie glauben häufig, dass „sich das noch herauswachse". So unternehmen sie nichts, warten ab und hoffen insgeheim auf sprachliche Entwicklungsfortschritte in der Schule. Es wäre Aufgabe der Erzieherin, die Eltern darin zu unterstützen, zusammen mit diesen Kindern frühzeitig eine logopädische Beratungsstelle (in Klinik oder Fachpraxis) aufzusuchen.

Die logopädische Beratungsstelle

Die Aufgabe von Logopädinnen und Logopäden besteht darin, Kommunikationsstörungen zu behandeln, aber auch bei beginnenden Symptomen, die mit Störungen der Stimme, der Sprache, des Sprechablaufs und des Redeflusses sowie des Gehörs zu tun haben, präventiv und beratend einzugreifen.

Logopädinnen und Logopäden behandeln sprach- und sprechgestörte Kleinkinder, Schulkinder, Jugendliche und Erwachsene. Im vorschulischen und schulischen Bereich spricht man meistens von Sprachheilpädagoginnen und -pädagogen. Je nach Störungsbild, Entstehung, Dauer und Verlauf der Sprach- bzw. Sprechstörung gibt es eine Vielzahl von Behandlungsansätzen: direkte und indirekte Verfahren, symptomorientierte, psychotherapeutisch-psychosozial angelegte und integrative „Therapiepakete". Fast immer werden die Eltern in die Therapie mit einbezogen, damit sie dem Kind gegenüber sprachfördernde Verhaltensweisen zeigen, wie z. B. selbst langsam sprechen, sich Zeit nehmen beim Zuhören, eine beruhigende Umgebung schaffen, Stress vermeiden usw. Direkte Programme beinhalten Sprechaufbauprogramme und haben das Ziel, das Sprechtempo des Kindes, seine Sprachmelodie und seine Atmung zu verändern. Indirekte Programme schaffen eher die psychischen, physiologischen und linguistischen Voraussetzungen, um beim Kind flüssiges Sprechen zu fördern und zu stabilisieren. Ansatzpunkte dafür sind das Aufmerksamkeitsverhalten, die auditive Wahrnehmung und besonders die Schulung der Mundmotorik des Kindes (Wirth 2000).

Kieferorthopädische Praxen

Manche Kinder fallen im Kindergarten durch Zahn- und Kieferfehlstellungen auf, so dass eine kieferorthopädische Betreuung und eventuelle Behandlung angezeigt ist. Zahn- und Kieferfehlstellungen können die Ursache für fehlerhaftes Sprechen sein. Die Erzieherin kann bei den Eltern anfragen, ob eine Vorstellung bei einem Kieferorthopäden schon einmal von ihnen in Erwägung gezogen worden ist.

Audiopädiatrische Zentren

Vielfach hängen Sprachfehler, falsches grammatisches Sprechen oder das Verschlucken einzelner Laute mit einer Schwerhörigkeit zusammen, die aus einer bislang nicht entdeckten Schallleitungs- oder auch einer Innenohrschwerhörigkeit bestehen kann. Der Besuch beim Ohrenarzt wäre dann dringend anzuraten. Häufiger jedoch sind Sprachentwicklungsstörungen lediglich auf eine Hörschwäche zurückzuführen, genauer gesagt, auf eine akustische Diskriminations- oder auch Differenzierungsschwäche. Eltern sind oft sehr erstaunt, wenn man sie darauf aufmerksam macht, dass bei ihrem Kind eine mangelnde Lautdifferenzierung vorliegen könnte, und sie sagen dann: „Aber mein Kind hört doch, was ich sage!" Die Erzieherin kann dann antworten, dass dies selbstverständlich der Fall sei, dass das Kind im Gespräch alles verstünde und auch richtig antworte, aber dass ihr aufgefallen sei, dass es Buchstaben verwechsele, auslasse oder falsch ausspreche. Um dies genauer abzuklären, sei eine differenzierte Hörüberprüfung notwendig, die auch nur in besonderen audiopädiatrischen Zentren vorgenommen werden könne. Eine Überprüfung bei niedergelassenen Hals- Nasen-Ohrenärzten sei hier nicht immer ausreichend. Bei allen Hinweisen auf die Notwendigkeit einer genaueren Überprüfung kann die Erzieherin eine solche nicht erzwingen, sie kann gegenüber Eltern nur informierend und beratend tätig sein.

Emotionale Kompetenz

Die Bedeutung der emotionalen Kompetenz für das Zusammenleben der Kinder in Familie, Kindergarten und Schule ist groß. Emotionale Kompetenz zeigt sich vor allen in folgenden Fähigkeiten (Abb. 24).

Abb. 24: Fähigkeiten der emotionalen Kompetenz
(nach Salisch 2002)

1. Aufmerksamkeit des Kindes für seine eigene emotionale Befindlichkeit
2. Empathie für seine Spielkameraden
3. Fähigkeit, befriedigende zwischenmenschliche Beziehungen einzugehen
4. Konstruktiver Umgang mit belastenden Situationen
5. Fähigkeit zur Selbstregulierung

Mit wachsendem Alter gewinnen Erwartungshaltungen sowie Billigung und Missbilligung anderer als Reaktionen auf das emotionale Verhalten von Kindern eine immer größere Bedeutung, so dass die Ausdrucksformen ihrer Gefühlsreaktionen situationsspezifischer und damit auch angemessener werden.

Ausdrucksformen, die den ganzen Körper mit einbeziehen (sich z. B. vor Wut auf den Boden werfen), lassen mehr und mehr nach. Erzieherinnen erleben bei manchen Kindern täglich die gesamte Skala der Gefühlsreaktionen, von Freude, Heiterkeit, Lachen über Wut, Ärger, Weinen bis hin zu Schreien. Geeignete Maßnahmen müssen stets individuell auf ein Kind zugeschnitten sein und können oftmals auch nur im gemeinsamen Gespräch mit den Eltern herausgefunden werden. Es gibt Kinder, die müssen ermutigt werden, ihre Gefühle stärker zum Ausdruck zu bringen, und es gibt wiederum andere Kinder, die lernen müssen, ihre Gefühle zu zügeln. Wenn es um die Beurteilung eines einzelnen Kindes geht, kann die Erzieherin versuchen, seine Grundstimmung festzustellen und sich zu fragen: In welcher Gemütsverfassung kommt das Kind morgens in den Kindergarten? Ist es gut oder schlecht gelaunt, ängstlich oder mutig, freudvoll oder traurig? Weint es am Tage wiederholt, und wenn ja, zu welchen Anlässen? Zeigt es anderen seine Gefühle oder versucht es, sie eher zu verbergen? Kann man überhaupt an seinem Gesichtsausdruck erkennen, wie es sich fühlt? Nimmt das Kind wahr, wie sich andere Kinder fühlen? Ist es empfindlich, kann es Misserfolge ertragen, im Spiel verlieren, anderen den Vortritt lassen? Wird es manchmal sehr wütend, rastet es aus, kann es mit seinen Emotionen umgehen? Kann es seine Gefühle sprachlich ausdrücken? Erzieherinnen haben die Möglichkeit, mit Kindern über Gefühle zu sprechen und sie diese vielleicht auch pantomimisch darstellen zu lassen.

Eigene Emotionen angemessen ausdrücken zu können und den Gefühlsausdruck anderer richtig deuten zu können, sind Fähigkeiten, die bei der Kontaktaufnahme mit anderen Kindern hilfreich sind. Es gibt große Unterschiede zwischen beliebten und weniger beliebten Kindern in ihren Versuchen, Kontakte mit anderen Kindern zu knüpfen. Erstere nähern sich vorsichtig der Gruppe, fragen an, ob sie mitspielen dürfen und warten ab, bis sie die Stimmung und die Atmosphäre des Spieles erfasst haben, sie zeigen sich einfühlsam und zurückhaltend. Letztere erzwingen sich den Zugang zur Gruppe, platzen in das Spiel hinein, versuchen sofort die Initiative zu ergreifen und lassen sich nicht auf das Bezugssystem der Gruppe ein, sondern versuchen, die Aufmerksamkeit auf sich zu ziehen. Damit haben sie meistens keinen Erfolg und werden entsprechend zurückgewiesen.

Wie kann sehr ängstlichen Kindern geholfen werden, Kindern, die sehr jähzornig sind, die ihre Emotionen nicht unter Kontrolle bringen können? Dazu können Entspannungsübungen sehr nützlich sein, ob es nun das „Autogene Training", „Yoga"-Übungen oder die „Progressive Muskelrelaxation" ist. Erfahrene Erzieherinnen bauen kleine Entspannungsübungen in den Alltag ihrer Kindergartenpädagogik ein. Sie wissen, dass manche Kinder unter starken Belastungen stehen und morgens schon unruhig, unausgeglichen und nervös in den Kindergarten kommen. Entspannungsübungen im Morgenkreis anhand von kleinen Geschichten zu entsprechender Musik können Kindern dazu verhelfen, ruhiger und gelassener zu werden. Entsprechende Übungen zur Entspannung von Kindern sind in Büchern, Kassetten und CD's auf dem Markt zu finden.

Kurse zur Entspannung und zum Stressabbau

Volkshochschulen oder Familienbildungsstätten bieten in allen größeren Städten „Entspannung für Kinder" nach verschiedenen Verfahren an. In Kursen zum *„Autogenen Training"* lernen Kinder gemeinsam mit anderen Kindern angemessen mit eigenen Gefühlen und mit Gefühlen anderer umzugehen. Sie erfahren die wohltuende Wirkung von Geschichten und Musik, sie spüren Ruhe und Gelassenheit und erleben angenehme Gefühle von Wärme und Schwere. Die Indikation für die Teilnahme an solchen Kursen ist bei Konzentrationsschwierigkeiten, Ängsten, Nervosität, Aggressivität usw. gegeben. Vielfach werden *„Yoga-Kurse"* für Kinder angeboten. Auch sie bieten Hilfen an bei Konzentrationsschwäche, bei Haltungsschäden und Verspannungszuständen und stellen Körpergefühl und Atem in den Mittelpunkt der Schulung. Leichte und sanfte Bewegungsabläufe führen zu innerer Harmonie und Ausgeglichenheit. Die Methode der *„Progressiven Relaxation"* kommt denjenigen Kindern entgegen, die sich nur schwer ihren Gedanken und Gefühlen überlassen und die Meditation nicht so recht genießen können. Diese Kinder kommen erfahrungsgemäß besser mit einer Entspannungsmethode zurecht, die eine vorherige Anspannung der betreffenden Muskeln, wie bei der Progessiven Relaxation üblich, einbezieht. Einzelne Spannungszustände sollen dabei bewusst wahrgenommen und eine Sensibilisierung für körperliche Anspannung erzielt werden, bevor dann die wohltuende Wirkung der Entspannung einsetzt.

Soziale Kompetenz

Das Erlernen sozialer Kompetenzen ist ein lebenslanger Prozess, der in der Familie beginnt, in Kindergarten und Schule sowie im Berufsleben fortgeführt wird. Sozialverhalten ist flexibel und dynamisch, es ist stets an bestimmte Situationen gebunden, d. h. es gibt keine „Soll-Reaktionen". Das Sozialverhalten ist stark an das emotionale Verhalten des Kindes gekoppelt sowie an sein sprachliches Ausdrucksvermögen und damit auch wieder an den Entwicklungsstand seiner Denkstrukturen. Je besser ein Kind seinen Gefühlen mit Worten Ausdruck verleihen, je besser es sich in andere Kinder einfühlen kann (Empathie) und je toleranter es gegenüber Meinungsverschiedenheiten ist und diese sprachlich ausdrücken kann, je differenzierter seine Problemlösungsstrategien sind, desto besser ist sein Sozialverhalten.

Emotionale und soziale Reife sind Schulfähigkeitsmerkmale, aber sie sind schwer zu zu definieren. Welche Sozialkompetenz sollten schulfähige Kinder besitzen bzw. welche benötigen sie, um sich in der Schule gut behaupten zu können? Emotionale Ausgeglichenheit und soziale Verträglichkeit sind sehr günstige Voraussetzungen, um in der Schule gut lernen zu können, aber auch ein Schulkind hat noch alle Möglichkeiten, diese Fähigkeiten im Laufe seiner Schulzeit zu erwerben. Auch wenn – ähnlich wie bei den emotionalen Kompetenzen – über die sozialen Fähigkeiten keine quantitativen Angaben gemacht werden können, sind ein gewisses Maß an Selbstvertrauen und Ich-Kompetenz für den Schulerfolg notwendig. Darunter versteht man die Fähigkeit, sich selbst etwas zuzutrauen, also eine optimistische Grundhaltung und Vertrauen in die eigene Handlungskompetenz zu haben und gleichzeitig entscheiden zu können, was man tun will und dann auch für sein Handeln Verantwortung zu übernehmen. In der Schule wird es im Klassenverband Auseinandersetzungen untereinander geben. Kinder haben es jedoch dann leichter, sich zu behaupten und durchzusetzen, wenn sie es gelernt haben, anderen Kindern zuzuhören, ihre eigene Meinung verbal zu vertreten, andere Meinungen anzuerkennen und zu tolerieren und bei Zwistigkeiten Kompromisslösungen zu finden. Es sind nicht diejenigen Kinder beliebt, die zuschlagen und sich durch Machtausübung und Einschüchterung behaupten, sondern diejenigen, die auf andere zugehen und bei Streitigkeiten vermitteln können.

Soziales Verhalten wird überwiegend durch Vorbild und Nachahmung gelernt, d. h. Kinder übernehmen Verhaltensweisen von Erwachsenen, üben diese spielerisch ein, aber sie ahmen auch Verhaltensweisen ihrer Spielkameraden nach, vor allem dann, wenn sie diese bewundern und schätzen. Im Kindergarten ist das prosoziale Verhalten der Erzieherinnen und die Art und Weise, wie sie Konflikte lösen, von größter Bedeutung, wie folgendes Beispiel zeigt:

Maik spielt in der Bauecke mit Klötzchen. Sein Turm ist 60 cm hoch und wackelt schon ein wenig. Es wird schwierig werden, noch ein Klötzchen darauf zu legen. Maik ruft ängstlich: „Ich trau mich nicht, wer macht das für mich?“ Tim, der neben ihm auch einen Turm baut, der noch nicht ganz so hoch ist, ruft spontan: „Ich mach es“, und er legt mit Schwung noch ein Klötzchen ganz oben auf Maiks Turm. Die Folge ist, dass der Turm zusammenfällt. Erbost schreit Maik: „Du hast meinen Turm kaputtgemacht“, wirft sich dabei auf Tim und stößt absichtlich dessen Turm um. Nun schreien und rangeln beide miteinander, es droht eine ernstzunehmende Auseinandersetzung zu entstehen.

Die Aufgabe der Erzieherin könnte in diesem Fall darin bestehen, zunächst einmal beide Kinder zu trösten, denn beide sind traurig, weil ihr Turm zerstört wurde. Wenn beide sich ein wenig beruhigt haben, führt sie folgendes Gespräch mit Maik, um ihm klar zu machen, dass Tim seinen Turm nicht absichtlich zerstört hat, sondern dass er ihm nur hat helfen wollen und dass ihm dabei ein Missgeschick passiert ist:

Erz.: Maik, wolltest du, dass Tim noch ein Klötzchen auf deinen Turm legt?
M.: Ja.
Erz.: War es schwierig, noch ein Klötzchen drauf zu legen?
M.: Ja, denn der Turm hat ja schon ein wenig gewackelt.
Erz.: Und du hast dich nicht getraut?
M.: Nein, habe ich nicht.
Erz.: Wenn du nun selbst ein Klötzchen draufgelegt hättest, hätte es dir auch passieren können, dass dein Turm umfällt?
M.: Ja, stimmt, das hätte mir auch passieren können.
Erz.: Ist Tim dein guter Freund?

M.: Ja, ist er.
Erz.: Glaubst du, dass Tim mit Absicht deinen Turm kaputt gemacht hat?
M.: Nee, glaube ich eigentlich nicht.
Erz.: Hat Tim getan, worum du ihn gebeten hast?
M.: Ja, hat er, aber der Turm ist umgefallen.
Erz.: Konnte Tim etwas dafür?
M.: Nein, eigentlich nicht.
Erz.: Wollte er dir helfen?
M.: Ja, eigentlich schon.
Erz.: Und wenn du jetzt darüber nachdenkst, war es gerecht, dass du seinen Turm kaputt gemacht hast?
M.: Nee, eigentlich nicht, aber ich war so wütend.
Erz.: Hast du Tims Gesicht gesehen, als der Turm umfiel?
Erz.: Ja.
Erz.: Wie sah er aus?
M.: Ganz schön erschrocken.
Erz.: Ihr wart beide erschrocken?
M.: Ja, waren wir.
Erz.: Ihr wart beide traurig?
Erz.: Ja.
M.: Ist es dann gerechtfertigt, sich auf ihn zu stürzen?
Erz.: Nein.
Erz.: Was könntest du denn jetzt tun?
M.: Ich könnte sagen, dass es mir Leid tut.

Dieses Gesprächsverhalten ist dadurch gekennzeichnet, dass die Erzieherin Maik keine Vorwürfe macht, auch nicht straft oder moralisiert, sondern durch Fragen an Maik erreicht, dass er einsieht, Tim gegenüber ungerecht gehandelt zu haben. Der Sinn dieses Gesprächs liegt in der Stärkung der Eigenverantwortlichkeit von Maik, so dass er selbst herausfinden kann, was zu tun ist.

Im Verlauf eines Kindergartentages finden Erzieherinnen viele Gelegenheiten, Situationen wie die obige, in denen ein Kind eine gute Absicht verfolgt, aber an der Ausführung scheitert, mit den Kindern gemeinsam zu durchdenken. Ein Kind möchte z. B. Milch aus der Küche holen und der Topf fällt ihm herunter, oder ein Kind hilft einem anderen beim Klettern auf einen Baum, lässt es jedoch fallen, weil es zu schwer ist, oder ein Kind tritt unbeabsichtigt auf das Spielzeug eines anderen Kindes. Erzieherinnen und auch Gleichaltrige sollten in ihrer Reaktion auf ein Missgeschick eines Kindes stets dessen Intention berücksichtigen. Erzieherinnen versuchen in vielen alltäglichen Situationen die Entwicklung der moralischen Urteilsbildung zu fördern, indem sie die Aufmerksamkeit der Kinder auf die jeweilige Absicht der Handelnden und nicht so sehr auf das Ausmaß des angerichteten Schadens lenken. Sie achten bei Regelverstößen darauf, warum ein Kind etwas getan hat. Erzieherinnen können sehr gut mithelfen, dass Kinder Gefühle von Gerechtigkeit und Fairness im Umgang miteinander und bei der Beurteilung des Handelns anderer Kinder entwickeln. Wichtig dabei ist auch ihre Vorbildfunktion und ihre Fähigkeit, Kinder zu trösten und mit Regelverletzungen flexibel umzugehen.

In Kindergärten gibt es häufig Konflikte, bei denen es um verschiedene Sichtweisen aller Konfliktbeteiligten gibt. Dann sollten sich Erzieherinnen die Zeit nehmen, um als „Streitschlichterinnen“ zu fungieren und beide Seiten anhören, um gemeinsam eine Kompromisslösung zu finden. Wichtig dabei ist, dass sie nicht selbst Lösungen vorgeben, sondern diese von den Streitenden finden lassen. Dies ist ein großer Unterschied zum „direkten Eingreifen“, bei dem meistens schnelle Lösungen von Erwachsenen vorgegeben werden. Erzieherinnen sollten Kinder stattdessen darin unterstützen, bei Streitigkeiten selbst eine Lösung zu finden. Kinder müssen allerdings darauf vertrauen können, dass ihnen Erwachsene helfen, wenn sie alleine nicht weiterkommen. Helfen heißt jedoch nicht, selbst die Lösung vorzugeben, sondern mit den Beteiligten herauszufinden, wie in Zukunft derselbe oder ein ähnlicher Streit verhindert werden kann. Die Frage, wer angefangen hat, ist häufig müßig, denn Streitende haben meistens verschiedene Sichtweisen über den Ursprung des Streits. „Recht" und „Unrecht" sind von Außenstehenden rückwirkend oft nicht zu erkennen. Abgesehen von ganz eindeutigen Situationen, sollten Erzieherinnen kein Urteil fällen, sondern eher den Zukunftsaspekt der Versöhnung betrachten. Wichtig dabei sind Versuche, das beiderseitige Einfühlungsvermögen (Was habe ich dem anderen angetan? Wie fühlt er sich?) zu stärken und für einen Schadensausgleich (Was kann ich tun?) zu sorgen.

Viele Eltern möchten gerne wissen, wie sich ihr Kind im Kindergarten verhält, ob es sich mit anderen Kindern verträgt, ob es gut mit ihnen auskommt, ob es von den anderen Kindern anerkannt wird, ob es eher scheu und zurückhaltend in der Gruppe ist, ob es sich durchsetzen kann oder ob es physisch aggressiv ist und oft Streit mit anderen Kindern hat. Die Erzieherin greift bei der Beantwortung dieser Fragen auf ihre Beobachtungsergebnisse zurück und teilt mit, ob

- das Kind Freunde bzw. Spielkameraden hat,
- es zuhört, wenn andere Kinder ihre Meinung sagen,
- es anderen Kindern hilft, wenn diese nicht weiterwissen,
- es ein „Nein" der Erzieherin oder anderer Kinder akzeptiert,
- es bei Konflikten nach konstruktiven Lösungen sucht,
- es Kompromisse vorschlägt oder
- es sich mit Gewalt durchsetzt und oft in Prügeleien verwickelt ist.

Vielen Kindern fällt es jedoch auch noch am Ende ihrer Kindergartenzeit schwer, für sich Verantwortung zu übernehmen, sie handeln oft spontan, überlegen nicht, denken nicht an eventuelle Konsequenzen und entschuldigen ihr Tun mit den Worten: „Der andere hat aber ...“ Wenn diese Worte fallen, könnten und müssten Erzieherinnen die Gelegenheit ergreifen, den Kindern klarzumachen, dass jeder für sich selbst und sein eigenes Handeln verantwortlich ist und es nicht mit dem Hinweis auf das Handeln eines anderen entschuldigen kann. Ganz allgemein gilt, dass auch Kinder in jeder Situation stets mehrere Möglichkeiten haben zu handeln. Welche Handlung sie ausführen, entscheiden immer sie selbst! Häufig fehlt Kindern diese Einsicht, aber man kann nicht früh genug damit beginnen, sie ihnen zu vermitteln. Voraussetzung dafür ist, dass Kinder wissen, dass ihnen mehrere Handlungsalternativen zur Verfügung stehen. Im Kindergarten können sie lernen, situationsangemessen zu reagieren, indem Erzieherinnen ihnen in Konfliktsituationen aufzeigen, wie sie noch hätten reagieren und welche anderen Handlungen sie noch hätten ausführen können. Soziales Verhalten muss eingeübt werden, es stellt sich nicht von alleine ein, vor allen Dingen dann nicht, wenn das Vorbild im Elternhaus fehlt. Konstruktive Konfliktlösungen müssen gemeinsam mit den Kindern erarbeitet werden, und dazu bieten sich alltägliche Konfliktsituationen an.

Am Ende der Kindergartenzeit haben die meisten Kinder gelernt, sich überwiegend friedlich mit anderen Kindern auseinander zu setzen. Die Erfahrung im Kindergarten zeigt jedoch auch, dass Kinder häufig ganz bestimmte und relativ konstante Tendenzen zeigen, mit Konflikten umzugehen: Es gibt einerseits Kinder, die dem Konflikt hilflos ausgeliefert sind, sich nicht wehren können, alles mit sich geschehen lassen, eher eine „Opferrolle“ einnehmen und Hilfe bei der Erzieherin suchen, und es gibt andererseits Kinder, die tonangebend sind, sagen, wo es langgeht, bestimmen, kommandieren und auch häufig aggressiv sind. Sie nehmen eher die „Täterrolle“ ein, manchmal sind sie auch Opfer und Täter zugleich. Diese Kinder brauchen Hilfe und Unterstützung von Erwachsenen. Die einen müssen in ihrem Selbstbewusstsein gestärkt und ermutigt werden, sich friedlich und mit Worten durchzusetzen, die anderen dagegen zur Rücksicht auf andere angehalten und auch ermahnt werden, Regeln und Abmachungen einzuhalten. Es gibt jedoch auch Kinder, die in der Kontaktaufnahme zu anderen Kindern noch Probleme haben und sich lieber Erwachsenen zuwenden. Die Erzieherin kann dieses Verhalten dadurch beeinflussen, dass sie Ansätze zur Kontaktaufnahme mit Gleichaltrigen durch Lob, durch Lächeln, durch Streicheln bekräftigt und die Annäherung an Erwachsene möglichst nicht beachtet.

Wenn Erzieherinnen beobachten, dass ein Kind aufgrund seiner starken Emotionen und geringen Problemlösungsstrategien zum Außenseiter in der Kindergruppe wird, sozial isoliert ist, keinen rechten Umgang mit anderen Kindern findet und sie darüber hinaus erkennt, dass auch die Eltern Probleme mit dem Kind haben, dann sollte sie den Eltern raten, eine Erziehungs- bzw. Familienberatungsstelle aufzusuchen. Manche Eltern schrecken vor dem Besuch einer Erziehungsberatungsstelle häufig zurück, was teils auf Unkenntnis, teils auf Vorurteile („Zum Psychologen gehe ich nicht, das habe ich doch nicht nötig!") zurückzuführen ist.

Die Aufgaben einer Erziehungs- bzw. Familienberatungsstelle

In staatlichen, kirchlichen oder kommunalen Erziehungs- bzw. Familienberatungsstellen und/oder in privaten Praxen arbeiten überwiegend Diplom-Psychologinnen und -Psychologen sowie -Pädagoginnen und -Pädagogen, die sich mit kindlichen und auch elterlichen Verhaltensweisen und dem „System Familie" auskennen. Sie wissen, dass im Beziehungsgeflecht Familie Probleme entstehen können, die sich zu Symptomen ausweiten und sich in Auffälligkeiten oder in bestimmten Verhaltensweisen beim Kind zeigen. Je nach therapeutischer Zusatzausbildung arbeiten sie analytisch, tiefenpsychologisch, verhaltens- oder gesprächstherapeutisch oder systemisch und bieten Eltern und Kindern entweder gemeinsam oder auch einzeln Gespräche an oder führen mit den Kindern auch Spieltherapien durch. Beratungsanlässe können alle Fragestellungen sein, die im weitesten Sinne Erziehungsfragen sind. Sie können sich auf das Kind oder die Eltern beziehen. Beraten werden Kinder, Jugendliche, Eltern, Paare, Alleinerziehende. Die Beratungsziele werden jeweils individuell mit den zu Beratenden festgesetzt. Die Beratung ist freiwillig und unentgeltlich. Die Berater unterliegen der Schweigepflicht und dürfen Beratungsverlauf und Beratungsergebnisse nur mit Einverständnis der Betroffenen weitergeben.

Grobmotorik

Im Alter zwischen drei und sechs Jahren ergeben sich Fortschritte in Körperwachstum, Körperproportionen und Körpermotorik eines Kindes. Dies bezieht sich sowohl auf Körperbeherrschung, Geschicklichkeit und Bewegungsleistung, als auch auf Hand-, Arm und Beinkraft. Kinder in diesem Alter weisen eine erstaunliche Sicherheit, Wendigkeit und Geschicklichkeit auf. Kraft und Ausdauer nehmen zu, Bewegungs- und Geschicklichkeitsspiele sind sehr beliebt. Manche Kinder übertreffen in einigen dieser Bereiche sogar untrainierte Erwachsene (Nickel und Schmidt-Denter 1995). Einige Kinder weisen jedoch in ihrer Gleichgewichtsbeherrschung noch Unsicherheiten auf, fallen häufig hin, klettern und balancieren nicht gerne, haben Gang- und Gehstörungen und verfügen nicht über koordinierte Arm- und Beinbewegungen.

Wozu sollte ein schulfähiges und schulbereites Schulkind motorisch in der Lage sein? Es sollte die Treppe hinauf- und herabsteigen können, und zwar mit beiden Beinen nacheinander und nicht mehr im Kleinkindschritt. Es sollte in der Lage sein, das Gleichgewicht auf einem Bein stehend einige Sekunden zu halten, auf einem Bein im Stand und im Vorwärtsgehen zu hüpfen, auf einem Balken oder zumindest auf einem auf den Boden gemalten Streifen zu balancieren oder auch mit beiden Beinen gleichzeitig seitlich über ein Seil springen zu können. In Kindergärten erhalten Kinder vielfältige alters- und entwicklungsspezifische Gelegenheiten zur Bewegung, ihnen stehen Materialien zur Verfügung zur immer komplexeren Bewältigung motorischer Anforderungen. In Bewegungsspielen trainieren sie Geschicklichkeit und dosieren Körperkraft. Sie bewegen sich ihrem eigenen Rhythmus entsprechend und bestimmen die Dauer ihrer Aktivitäten selbst.

Motorische Störungen können zu Beeinträchtigungen in allen Entwicklungsbereichen führen und auch Indikatoren für frühkindliche Hirnschädigungen und Bedingungsfaktoren für späteres Schulversagen sein. Daher ist es wichtig, das Bewegungsmuster und Bewegungsverhalten eines Kindes, seine Körperbeherrschung und Körperkoordination zu beobachten. Ohne in der Durchführung von Tests zur Erfassung der Körperkoordination ausgebildet zu sein, können Erzieherinnen Beobachtungen der Grobmotorik und des gesamten Bewegungsverhaltens sehr gut im freien Spiel der Kinder in den Innen- und Außenräumen oder auch bei gezielten Turnübungen beobachten und dabei Unsicherheiten, Ängstlichkeiten, Gehemmtheiten, schnelle Ermüdbarkeit usw. erkennen. Wirkt ein Kind in seinen Bewegungen plump, kleinkindlich, extrem unsicher und ungelenk, ist es ratsam, die Eltern darauf aufmerksam zu machen und die Vorstellung bei einer Krankengymnastin oder auch Ergotherapeutin anzuraten. Eltern sind hier häufig unsicher und wissen nicht, an wen sie sich wenden sollen und können. Der Rat der Erzieherinnen ist daher von großer Bedeutung – verbunden mit dem Hinweis, sich zunächst an den Kinderarzt zu wenden, der dann aufgrund einer entsprechenden Untersuchung ein Rezept für eine krankengymnastische bzw. physiotherapeutische und/oder ergotherapeutische Behandlung ausstellen kann.

Die krankengymnastische bzw. physiotherapeutische Behandlung

Krankengymnastinnen und -gymnasten oder auch Physiotherapeutinnen und -therapeuten untersuchen und behandeln aufgrund ärztlicher Verordnungen. Ihre Behandlungsmethoden basieren auf neurophysiologischer Grundlage, beinhalten gezielte Bewegungs-, Koordinations- und Gleichgewichtsübungen und haben das Ziel, angeborene Schäden oder auch postoperative Beeinträchtigungen an den Bewegungsorganen zu beseitigen, Schmerzen zu lindern, die Muskulatur zu stärken und Nervenverbindungen zu aktivieren. Die Diagnose für eine krankengymnastische bzw. physiotherapeutische Behandlung ist in jedem Fall eine medizinische.

Ergotherapeutinnen bzw. -therapeuten werden auch als Arbeits- und Beschäftigungstherapeuten bezeichnet. Ähnlich wie die Krankengymnasten bzw. Physiotherapeuten gehören sie zu der Gruppe nichtärztlicher Therapieberufe im Gesundheitswesen. Sie behandeln bei Kindern u. a. „sensorische Integrationsstörungen". Darunter versteht man eine mangelhafte Fähigkeit des Gehirns, Sinneseindrücke zu verarbeiten, und zwar im weitesten Sinne: motorische Ungeschicklichkeiten beim Balancieren, Hüpfen, Fangen eines Balles, Malen, Zeichnen und Schreiben, Unsicherheiten in grob- und feinmotorischen Bewegungsabläufen, beeinträchtigte Merkfähigkeit, leichte Ermüdbarkeit, Ängstlichkeit, Kontaktarmut. Sensorische Integrationsstörungen betreffen fast immer die Gesamtpersönlichkeit eines Kindes und können sich spätestens in der Schule als Lernstörungen äußern. Doch dann ist es oftmals für eine sensorische Integrationstherapie schon zu spät, die ihre besten Chancen im Kleinkind- und Vorschulalter hat. Deshalb ist es so wichtig, dass Erzieherinnen die Tätigkeitsbereiche der Krankengymnastinnen bzw. Physiotherapeuten und Ergotherapeuten kennen und rechtzeitig auf entsprechende Behandlungsmöglichkeiten hinweisen. Arbeiten diese mit Kindern, dann gehört die Beratung der Eltern selbstverständlich mit zu ihren Aufgaben.

Feinmotorik

Die Feinmotorik entwickelt sich aus der Grobmotorik. Die Tendenz verläuft von grober, ungesteuerter zu spezifischer und gesteuerter Aktivität. Feinmotorische und zielgerichtete Bewegungen, wie genaues Zeichnen, die ein höheres Maß an Steuerung verlangen, fallen Kindergartenkindern noch schwer. Feinmotorische Anforderungen bewältigen Kinder erst dann, wenn die Auge-Hand-Koordination ausgebildet ist und sie Vorstellungen von der Lage im Raum entwickelt haben.

Während das Kleinkind noch mit dem gesamten Arm aus dem Schultergelenk heraus malt und häufig auch noch den Oberkörper zu Hilfe nimmt, gelingt es Kindergartenkindern zwischen vier und sechs Jahren schon immer besser, ihre Bewegungen nur mit Unterarm bzw. Handgelenk und Fingern zu steuern. Feinmotorische Leistungen zeigen sich im Ein- und Auffädeln, im Stecken und Bauen von immer kleineren Figuren bis hin zum Basteln, Schneiden und Malen. Bauecke und Maltisch sind die Übungsorte im Kindergarten, an denen feinmotorische Fähigkeiten gefestigt werden. Viele Kinder gewöhnen sich beim Malen und Zeichnen eine falsche Stifthaltung an. Es ist immer wieder erstaunlich zu sehen, wie viele individuelle Möglichkeiten Kinder finden, einen Stift zu halten. Erzieherinnen sollten eine falsche Stifthaltung möglichst rechtzeitig erkennen und auch korrigieren; sie sollten es tun, bevor die Kinder sich nicht mehr umgewöhnen wollen und können. Der Stift sollte von Zeigefinger und Daumen umfasst werden und dabei auf der linken Seite des Mittelfingers aufliegen. Manche Kinder rutschen mit Zeigefinger und Daumen so weit nach unten, dass sie die Spitze des Stiftes nicht mehr sehen können. Auch diese Stifthaltung bedarf der Korrektur durch die Erzieherin. Sie sollte auch die Eltern des Kindes bitten, ihrerseits zu Hause darauf zu achten.

Feinmotorische Fähigkeiten hängen von einer guten Auge-Hand-Koordination oder auch visuomotorischen Koordination ab. Barth (2000) gibt in seinen diagnostischen Einschätzskalen (DES) für Erzieherinnen und auch für Grundschullehrerinnen und -lehrer eine Fülle solcher visuomotorischen Koordinationsübungen an. Sie stellen ein sehr gutes Übungsmaterial dar und sind auch in vielen Mappen zur Vorschulerziehung erhältlich. Aber die Erzieherin hat im Kindergartenalltag auch ohne den Gebrauch von Mappen genügend Gelegenheit, feinmotorische Fertigkeiten bei ihren Kindern zu fördern. Das ergibt sich schon aus dem situationsorientierten Ansatz der Elementarpädagogik, der vielfältige Anlässe schafft, Umwelterfahrungen auch zeichnend und malend festzuhalten.

Grob- und besonders feinmotorische Fähigkeiten hängen eng mit der Wahrnehmungsfähigkeit zusammen. Diese, und besonders die Figur-Grund-Unterscheidung, die Erfassung von Formkonstanz, das Erkennen der Lage im Raum, ist für das Lesen und Schreiben von großer Bedeutung. Wahrnehmungsgestörte Kinder sind häufig ängstliche Kinder, die sich nichts zutrauen, die unsicher sind und keine sichere Körperorientierung haben. Sie sollten möglichst früh eine krankengymnastische und/oder ergotherapeutische Behandlung beginnen. Es ist selbstverständlich, dass alle organischen Ursachen einer Sehstörung von einem Augenarzt abgeklärt werden sollten.

Augenärztliche Untersuchung

Wenn Kinder nicht so gut sehen können, kann das zu Kopfschmerzen führen, sie blinzeln mit den Augen, kneifen sie zusammen und/oder halten die Augen sehr dicht an das Papier. Erzieherinnen müssen damit rechnen, dass sich ein nicht unerheblicher Anteil von Kindern mit organisch bedingten und unentdeckten Sehstörungen (Schielen, Weitsichtigkeit, Kurzsichtigkeit, Stabsichtigkeit usw.) im Kindergarten befindet. Es ist dann ihre Aufgabe, die Eltern auf Sehschwächen und Sehstörungen aufmerksam zu machen und zu motivieren, einen Augenarzt aufzusuchen. Alle oben genannten Untersuchungen und Behandlungen sollten vor Schuleintritt erfolgen.

Händigkeit

Händigkeit gehört zur Lateralität, worunter die Seitigkeit eines Menschen verstanden wird. Zur Lateralität zählt neben der Händigkeit auch die Füßigkeit, Äugigkeit und Ohrigkeit. Wenn Lateralität eine Bedeutung für den Menschen hat, dann nur in dem Sinne, dass weitgehende Übereinstimmung unter den paarig angelegten Organen bzw. Extremitäten herrschen sollte. Sie ist oft, aber nicht immer gegeben. So ist z. B. die Übereinstimmung zwischen Händigkeit und Ohrigkeit nicht so stark wie die zwischen Händigkeit und Äugigkeit sowie Händigkeit und Füßigkeit. Mit der Rechtshändigkeit geht fast immer auch eine Rechtsfüßigkeit einher und zu 80 % auch eine Rechtsäugigkeit, d. h. rechtshändige Kinder benutzen z. B. beim Fußballspielen das rechte Bein und beginnen beim Treppensteigen mit dem rechten Bein. Bei rechtshändigen Kindern ist meistens das rechte Auge dominant. Man kann dies sehr gut beobachten, wenn man sie durch ein Fernrohr schauen lässt: Sie führen es meistens an das rechte Auge. Die Lateralität eines Kindes spielt nicht nur beim Erlernen des Schreibens eine große Rolle, sondern auch bei vielen anderen grob- und feinmotorischen Tätigkeiten, beim Springen, Hüpfen, Laufen, Fußballspielen, beim Fangen, Greifen, beim Turnen, Balancieren und bei allen Gleichgewichtsübungen.

Die meisten Menschen sind Rechtshänder, nur ca. 20–25 % sind Linkshänder. Über die Ursachen der Linkshändigkeit gibt es unterschiedliche Meinungen. Konsens besteht jedoch in der Annahme, dass Linkshändigkeit angeboren ist, ob nun genetisch bedingt oder aufgrund motorischer Funktionsstörungen infolge eines Geburtstraumas. Linkshändigkeit wird nicht mehr wie früher als Makel angesehen und stellt auch schon lange kein pädagogisches Problem mehr dar. Linkshändige Kinder werden heute nicht mehr umerzogen, entsprechenden Unsicherheiten auf Seiten der Eltern sollten Erzieherinnen mit Nachdruck entgegentreten. Im Allgemeinen geht man davon aus, dass die Händigkeit mit ca. zwei Jahren festgelegt ist. Im Kindergarten kann es jedoch immer wieder vorkommen, dass Kinder einmal mit der rechten Hand und dann wiederum mit der linken malen. Hier sollten Erzieherinnen sanft eingreifen und Kinder ermuntern, den Stift immer mit derselben Hand zu ergreifen; ob dies nun mit der linken oder mit der rechten Hand erfolgt, ist nicht von Belang. Linkshändigkeit besitzt auch für die Frage der Einschulung keine Bedeutung. Stellt die Erzieherin jedoch fest, dass ein Kind sich in seiner Händigkeit nicht festlegen kann, sollte sie diese Beobachtung unbedingt den Eltern mitteilen.

Ganz allgemein gilt, darauf zu achten, ob ein Kind Bewegungstätigkeiten mit der linken Hand ausführt, jedoch mit der rechten Hand malt oder bastelt. Dann liegt die Vermutung nahe, dass das Kind eigentlich linkshändig ist, jedoch vom Elternhaus aus dazu angeleitet wurde, bei allen Schreib- oder Maltätigkeiten den Stift in die rechte Hand zu nehmen. Ein Gespräch mit den Eltern sollte dies klären, um gegebenenfalls über den heutigen Umgang mit Linkshändigkeit von Kindern zu informieren. Manchmal hilft es, Eltern, die sich nicht an die Linkshändigkeit ihres Kindes gewöhnen können oder wollen und es doch wider besseren Wissens dazu anhalten, „das schöne Händchen“ zu geben bzw. den Stift in die rechte Hand zu nehmen, zu erzählen, wie viele berühmte Männer und Frauen es in Kunst, Kultur, Sport, Wissenschaft und Politik gibt, die linkshändig sind bzw. waren (die Künstler Leonardo da Vinci und Michelangelo, der Dichter Fr. v. Schiller, der Mathematiker Albert Einstein).

Um sich selbst Klarheit zu verschaffen, können die Erzieherinnen auch schon im Vorfeld recherchieren und im spielerischen Umgang das Kind sog. Funktionsproben durchführen lassen. Im Kindergartenalltag ergeben sich eine Fülle von Alltagssituationen, in denen solche informellen „Händigkeitstests" durchgeführt werden können. Man unterscheidet dabei „beidhändige Proben", bei denen die Erzieherin beobachtet, welche Hand jeweils die ausführende bzw. die bewegende und welche die eher haltende ist und einhändige Proben (Abb. 25).

Abb. 25: Informelle Händigkeitsproben

Einhändige Proben	**Beidhändige Proben**
Hand geben	Händeklatschen
Stift in die Hand nehmen	Garn aufwickeln
Löffel in die Hand nehmen	Karten mischen
Kamm halten	Karten austeilen
Zahnbürste halten	Ausschneiden
Hämmern etc.	Bleistift anspitzen
Herd anschalten	Brot schneiden
Tür aufmachen	Korken ziehen
Ball werfen	Schuhe putzen
Licht anknipsen	Einfädeln etc.

Wichtig ist, dass die Erzieherinnen das Ergebnis solcher „Überprüfungen" den Eltern der Kinder mitteilen und bei Unsicherheiten dazu raten, eine schulpsychologische Beratungsstelle aufzusuchen.

6 Die Erzieherin als Gesprächspartnerin der Eltern

Neben der Betreuung, Erziehung und Bildung von Kindern arbeiten Erzieherinnen mit den Eltern bzw. Erziehungsberechtigten der Kinder zusammen. Dies geschieht durch Information und Beratung. Die Eltern sollten nicht nur über die Ziele, Inhalte und Methoden der Kindergartenarbeit informiert werden, sondern über die Entwicklungsfort- oder auch -rückschritte ihrer Kinder auf dem Laufenden gehalten werden. Erzieherinnen sollten Eltern rechtzeitig auf professionelle Hilfen von außen, auf nötige Behandlungs- oder auch Untersuchungsmaßnahmen hinweisen, die aus ihrer Sicht notwendig sind. Aufgrund der geänderten Schulrechtsbestimmungen über den Einschulungstermin von Kindern kommt ihnen eine zusätzliche Beratungsfunktion zu, die darin besteht, Eltern konkret Auskunft über ihre Beobachtungen hinsichtlich der Schulfähigkeit ihres Kindes zu geben bzw. Eltern auf bestehende Schwächen hinzuweisen und Hinweise auf zusätzliche Förder- und Unterstützungsmöglichkeiten zu geben. Damit Gespräche über diese Themen gelingen, bedarf es eines reflektierten Beratungsverständnisses und einer besonderen Gesprächskompetenz.

6.1 Das Beratungsverständnis der Erzieherin

Bei der Beratung von Eltern gilt es, einige Grundsätze zu beachten. Die Erzieherin ist zwar verpflichtet, Eltern bestmöglich zu informieren und zu beraten, aber Beratung muss von den Ratsuchenden gewollt und angestrebt werden. Beratung darf niemandem aufgedrückt werden, Beratung ist immer freiwillig. Die Umsetzung des Beratungsergebnisses ist Sache der Ratsuchenden. Das bedeutet für die Erzieherin, dass sie zwar von sich aus Eltern Informationen geben und auch von ihnen Informationen einholen kann, jedoch niemals Eltern zu einem Beratungsgespräch „zwingen" darf. Sie kann sie ermuntern und ermutigen, zu einem Beratungsgespräch zu kommen, aber sie sollte Eltern nicht unter psychischen Druck setzen, ein solches Gespräch wahrzunehmen.

Ob eine Beratung gelingt oder misslingt, hängt auch vom grundlegenden Beratungsverständnis der Erzieherin ab. Wichtig dabei ist ihre positive Grundeinstellung den Eltern ihrer Kinder gegenüber. Einige Erzieherinnen haben, eventuell auch bedingt durch die Veränderung der familiären Lebensstile, manchmal eine etwas negativ gefärbte Meinung von der elterlichen Erziehungsfähigkeit und -willigkeit. Erzieherinnen kritisieren vielfach die „materialistische Haltung", das Desinteresse vieler Eltern an der Erziehung ihrer Kinder, die elterliche Unsicherheit in Erziehungsfragen und ihre passiv gewährende Haltung gegenüber dem Fernsehkonsum ihrer Kinder. Eine solche Einstellung führt bei manchen Erzieherinnen zu dem Gefühl, gegen Fremdeinflüsse „ankämpfen" zu müssen. Sie fühlen sich dadurch in der Umsetzung eigener Erziehungsziele behindert und nähern sich Eltern mit einer latenten Vorwurfshaltung. Das sind selbstverständlich keine guten Voraussetzungen, mit Eltern ein vertrauensvolles Gespräch zu beginnen. Erzieherinnen können sich jedoch von dieser Grundeinstellung lösen, indem sie sich vor Augen führen, dass Eltern vielfach aus Unwissenheit, Überforderung und Hilflosigkeit handeln, jedoch immer das Beste für ihr Kind wollen. Viele Eltern brauchen Unterstützung und sollten sich – viel öfter als sie es tun – an die Erzieherinnen ihrer Kinder wenden, denn diese haben sich, anders als Eltern, professionell auf die Erziehung von Kindern eingestellt und den Beruf der Erzieherin erlernt. Das professionelle Durchdenken von Erziehungszielen und von eigenen Erziehungsschwierigkeiten vermag Erzieherinnen dazu bringen, dass sie Eltern mit einem positiveren Verständnis gegenübertreten und damit auch eher in der Lage sind, unsicheren Eltern zu mehr Sicherheit im Umgang mit ihren Kindern zu verhelfen.

Beratung kann als Problemlösungsprozess verstanden werden, an dem Erzieherin und Eltern gleichermaßen beteiligt sind. Beratung setzt Gleichwertigkeit und Gleichrangigkeit der Gesprächspartner voraus und beiderseitige Anerkennung der jeweiligen Kompetenzen. Die Erzieherin sollte sich nicht in der Rolle der Alleinwissenden fühlen und Eltern auch nicht das Gefühl geben, einen Informationsvorsprung zu haben. Eine solche Grundhaltung würde sie dazu verführen, Eltern zu belehren, ihnen Anweisungen zu geben und Ratschläge zu erteilen. Es wäre ein schwerer Fehler, wollte die Erzieherin partout die Eltern von der Richtigkeit ihres eigenen Standpunktes überzeugen. Ein solches Gespräch könnte in gegenseitigen Angriffen oder Abwertungen enden und die Form einer verbalen „Kampfsituation" annehmen, die der Redegewandtere bzw. Wortgewaltigere für sich entscheiden würde. Um gar nicht erst in eine solche, für beide Gesprächspartner unangenehme Situation, zu gelangen, sollte das Grundverständnis und die Grundhaltung der Erzieherin offen sein und von der Überzeugung getragen werden, dass es keine objektiven, sondern nur subjektive Auffassungen geben kann. Ziel eines Gesprächs ist es nicht, den Gesprächspartner von der eigenen Sichtweise zu überzeugen, sondern die eigene Betrachtungsweise klar und deutlich zu schildern, sich die Perspektive und Überzeugung des anderen in Ruhe und Gelassenheit anzuhören, um dann gemeinsam zu versuchen herauszufinden, ob es Anknüpfungspunkte, Überschneidungen und Ähnlichkeiten in den Ansichten gibt. Entscheidend für ein gutes Gespräch sind die Gesprächskompetenzen der Erzieherin.

6.2 Die Gesprächskompetenzen der Erzieherin

Ein gutes Gespräch setzt Kooperation zwischen Erzieherinnen und Eltern voraus und sollte das Ziel haben, durch den Austausch gemeinsamer oder verschiedener Standpunkte zu einer Verständigung zu gelangen. Dies geschieht am besten mit der „kooperativen Gesprächsführung“ (Abb. 26).

Abb. 26: Die kooperative Gesprächsführung

Kooperative Gesprächsführung

Verstehen	**Leiten**
↓	↓
Aktives Zuhören	**Strukturieren**
↓	↓
Offene Fragen stellen Gedanken wiedergeben Gefühle wiedergeben	Vorschläge sammeln Stellung nehmen Beziehung klären

Die „kooperative Gesprächsführung“ zeichnet sich dadurch aus, dass die Erzieherin im Gespräch versucht zu „verstehen“ und zu „leiten“. Der Verstehensprozess erfordert ein aktives Zuhören, das sich wiederum aus mehreren Variablen zusammensetzt. Der Leitungsprozess erfordert ebenfalls Aktivitäten, die sich auf unterschiedliche Fähigkeiten beziehen. *Verstehen* meint, dass die Erzieherin sich bemüht, die Wahrnehmungen, Gedanken und Gefühle der Eltern einerseits zu erfassen und sie andererseits zu akzeptieren und nicht zu kritisieren. Um dies zu erreichen, muss die Erzieherin die Eltern zum Sprechen ermutigen und gleichzeitig zuhören können. Das erfordert Geduld und Gelassenheit. Wenn sie etwas nicht versteht, kann sie rückfragen, und zwar möglichst durch offene Fragen, damit die Eltern ihre Gedanken und Gefühle präzisieren können. Um sich zu vergewissern, dass sie alles verstanden hat, wiederholt sie die Gedanken der Eltern und gibt sie mit eigenen Worten wieder. Soweit Gefühle in den Äußerungen der Eltern eine Rolle spielen, kann sie diese ihrerseits ansprechen und dadurch zum tieferen Verständnis beitragen. Wenn Eltern den Eindruck haben, von der Erzieherin verstanden zu werden, zeigen sie sich meistens sehr kooperativ.

Neben dem Verstehensprozess muss die Erzieherin aber auch gleichzeitig das Gespräch *leiten*. Sie leitet das Gespräch, indem sie es strukturiert und damit den Problemlösungs- oder Verständigungsprozess voranbringt. Sie nennt zu Beginn des Gesprächs das Thema, formuliert gemeinsame Absprachen und fasst im Laufe des Gesprächs Ergebnisse zusammen. Sie kann versuchen, gemeinsam mit den Eltern Lösungsvorschläge zu machen und Vor- und Nachteile mit ihnen zusammen abzuwägen. Sie sollte ihre eigene Meinung deutlich zum Ausdruck bringen, also Stellung beziehen, jedoch nicht die Eltern überreden. Schwierig ist die Beziehungsklärung. Manchmal spürt die Erzieherin aus den Bemerkungen und Äußerungen der Eltern Skepsis und Misstrauen. Dann sollte sie dies in passender Form behutsam ansprechen, ohne die Eltern zu brüskieren.

Für den Gesprächsverlauf gilt, dass beide Leitlinien der Gesprächsführung, Verstehen und Leiten, nicht zeitlich nacheinander zum Ausdruck kommen, sondern neben- und miteinander. Es kann durchaus sein, dass zeitweise einige dieser Variablen in der Gesprächsführung dominieren, dass sie dann aber auch wieder von anderen abgelöst werden. Es gibt hierfür keine allgemeingültigen Regeln. Die Erzieherin ist ganz auf ihre Intuition angewiesen. Das wichtigste Kriterium für eine gute Gesprächsführung ist das eigene Gefühl der Erzieherin und die Reaktion ihrer Gesprächspartner.

Innere und äußere Bedingungen einer guten Gesprächsführung

Damit ein Gespräch gelingt, sind einige innere und äußere Bedingungen zu beachten (Abb. 27).

Abb. 27: Innere Bedingungen

- nicht unter Zeitdruck stehen
- sich gut auf das Gespräch vorbereiten
- sich auf den Gesprächspartner einstellen
- eine positive Grundeinstellung haben
- Ruhe und Gelassenheit ausstrahlen
- kein Überengagement
- nicht überreden wollen
- beim Thema bleiben
- Augen und Ohren offen halten
- auch nonverbal ermutigen und ermuntern:

Als günstige äußere Bedingungen haben sich bewährt (Abb. 28).

Abb. 28: Äußere Bedingungen

- angenehmer heller Raum
- freundliche äußere Atmosphäre schaffen
- keine Störungen durch Telefon oder Eintreten fremder Personen
- klare Zeitabsprachen treffen
- keine Termine in der Freizeit
- günstige Sitzordnung herstellen
- Blickkontakt halten

Es gibt einige „Türöffner", die den Beginn des Gesprächs erleichtern. Dabei handelt es sich um freundliche, zum Thema hinführende Bemerkungen wie (Abb. 29):

Abb. 29: Türöffner

- „Schön, dass unser Gespräch zustande kommt."
- „Schön, dass Sie sich die Zeit für ein Gespräch nehmen."
- „Haben Sie gut hierher gefunden?"
- „War es für Sie schwierig, Zeit für dieses Gespräch zu finden?"

Es gibt aber auch einige Gesprächsblocker, die fast jedes Gespräch zum Erliegen bringen und/oder unangenehme Gefühle bei dem Angesprochenen auslösen. Dabei handelt es sich um (Abb. 30):

Abb. 30: Gesprächsblocker

- Ermahnen: „Das sollten Sie nicht wieder tun."
- Vorwürfe machen: „Wie konnten Sie nur ..."
- Ratschläge geben: „Am besten ist, wenn Sie ...."
- Anordnungen treffen: „Ich erwarte von Ihnen, dass Sie ..."
- Interpretieren: „Sie hatten sicherlich keine Lust dazu ..."
- Suggerieren/Überreden: „Es wäre sehr gut für Markus, wenn er ...."

Eine offene und kooperative Gesprächshaltung und Gesprächsführung sowie innere und äußere Bedingungen für ein Gespräch erhöhen die Wahrscheinlichkeit dafür, dass ein Gespräch gut gelingt und beide Gesprächspartner zufrieden stellt. Das hängt selbstverständlich nicht nur von der Erzieherin ab, sondern von allen Beteiligten, aber da die Erzieherin das Gespräch leitet, ist es von großer Bedeutung, dass sie ihre Gesprächskompetenzen einbringt, emotionale Wärme ausstrahlt, ein einfühlendes Verstehen zum Ausdruck bringt und vor allem in ihrem Verhalten echt ist, d. h. nicht aufgesetzt und gekünstelt wirkt.

6.3 Die Gesprächsführung der Erzieherin

Erstes Gesprächsbeispiel

Zu den meistgestellten Fragen von Eltern am Ende der Kindergartenzeit ihres Kindes gehört die Frage nach der Schulfähigkeit. So auch bei Frau S.:

> Frau S. bittet die Erzieherin an einem Februartag um ein Gespräch und deutet an, dass sie sich nicht sicher sei, ob Markus schulfähig ist. Da Markus in diesem Jahr schulpflichtig wird, steht die schulärztliche Untersuchung unmittelbar bevor. Die Erzieherin kennt Markus schon seit fast zwei Jahren. Er war vier Jahre alt, als er zu ihr in den Kindergarten kam und ist zum Zeitpunkt des Gesprächs fast fünf Jahre und zehn Monate alt. Er hat also noch einige Monate Zeit bis zur Einschulung und wird vorher noch sechs Jahre alt. Frau S. ist alleinerziehend und ganztägig berufstätig. Ihre Mutter, also Markus' Großmutter, versorgt Markus zusätzlich am Nachmittag, wenn sie einmal später nach Hause kommt. Markus hat noch eine kleinere Schwester, die ebenfalls den Kindergarten besucht, jedoch in einer anderen Gruppe ist.

Terminabsprache: Die Erzieherin verabredet sich mit Markus' Mutter zu einem Zeitpunkt, an dem sie gewöhnlich Elterngespräche führt. Sie plant dafür eine Stunde, da sie spürt, dass es sich nicht um ein Routinegespräch handeln wird, sondern dass es Markus' Mutter um ein Problem geht.

Raumvorbereitung: Die Erzieherin richtet den kleinen Raum her, der für Elterngespräche gedacht ist und entfernt alle Gegenstände, die dort sonst abgestellt werden, wenn keine Gespräche geführt werden. Sie rückt den kleinen Tisch zurecht und stellt zwei Stühle so hin, dass die Mutter und sie einander gegenüber sitzen und Blickkontakt haben können. Sie lüftet den Raum noch einmal vor dem Gespräch. Wenn die finanziellen Mittel es erlauben, kann sie auch Kaffee für sie beide vorbereiten. Sie heftet einen Zettel außen an die Tür mit der Aufschrift: „Bitte nicht stören", damit auch ihre Kolleginnen wissen, dass der Raum besetzt ist.

Vorbereitung der Erzieherin auf das Gespräch: Die Erzieherin geht vor dem Gespräch in Gedanken noch einmal gründlich durch, was sie alles über Markus weiß.

> Nach den von ihr gemachten Beobachtungen versteht Markus sich gut mit anderen Kindern, wird von ihnen akzeptiert und ist auch beliebt. Sie hat einen guten Kontakt zu ihm. Er ist freundlich und hilfsbereit. Sie erinnert sich an einige Male, wo er von selbst in die Küche ging, um für andere Kinder noch fehlende Teller zu holen. Auch hilft er beim Anziehen kleinerer Kinder. Er war so gut wie noch nie in Streitigkeiten mit anderen Kindern verwickelt. Bei drohenden Auseinandersetzungen zieht er sich eher zurück. Im Stuhlkreis hat er keine Hemmungen zu erzählen. Oft sitzt er neben ihr und möchte ihr ganz persönlich etwas sagen. Er ist selbstständig und zeigt ihrer Erinnerung nach ein gutes Arbeitsverhalten. Er arbeitet konzentriert und bleibt bei der Sache. Als sie dies alles noch einmal durchdenkt, wundert sie sich ein wenig über die Unsicherheit von Frau S. bei der Frage der Einschu-

lung, weil sie hier eigentlich keine Probleme gesehen hat. Ihr erschien es bis dahin selbstverständlich, dass Markus eingeschult würde.
Sie holt ihre Aufzeichnungen und liest noch einmal durch, was sie sich aufgeschrieben hat. Es gibt von Markus fünf Protokolle, darunter vier, die sie an verschiedenen schon weiter zurückliegenden Tagen angefertigt hat. Ihre letzte gezielte Beobachtung liegt allerdings erst zwei Tage zurück. Sie hat sie gemacht, als sie schon wusste, dass Markus Mutter zu einem Gespräch kommen würde. Was weiß sie über Markus?

Verbalprotokoll vom 2. März 2004, 8.30 – 9.00 Uhr. (Die Erzieherin beobachtete eine halbe Stunde lang Markus' Verhalten und notierte alles, was sie wahrnahm):

Markus sitzt in der Bauecke und baut einen Turm. Er schaut nur auf seine Klötzchen und auf seinen Turm. Er sitzt etwas abseits von anderen Kindern und streckt oft schützend seine Arme aus, um einen Raum für sich zu haben. Als sein Turm fertig ist, macht er ein sehr zufriedenes Gesicht und schaut zu mir (zur Erzieherin) hinüber. Ich lächele ihn an, nicke und sage: „Das hast du gut gemacht". Markus freut sich, steht auf und schaut nun, was die anderen Kinder machen. Er guckt zunächst zu, nimmt dann ab und zu ein Klötzchen und hilft mit, andere Bauwerke zu vollenden. Als ein anderes Kind aus Versehen an seinen Turm stößt und dieser zusammenfällt, ruft Markus „Oh", reagiert aber nicht weiter, denn er ist nun mit einem anderen Bauwerk beschäftigt.

Protokoll vom 11. Februar 2004, 12.30 bis 13.00, Rating: Sprache

Sprache/sprachlicher Ausdruck/Sprachverständnis	häufig	wenig	selten
spricht spontan	x		
antwortet, wenn er gefragt wird	x		
spricht deutlich	x		
spricht grammatisch richtig	x		
spricht andere Kinder von sich aus an		x	
redet frei heraus		x	
erzählt im Stuhlkreis		x	

Protokoll vom 23. Januar 2004, 15.00–15.30 Uhr und 29. Januar 2004, 10.00–10.30 Uhr,
Ereignisstichprobe: Aggressives Verhalten

Aggressives Verhalten (Schlagen, Wegnehmen, Schubsen, Stoßen, Spucken, Beschimpfen)	kein einziges Mal

Protokoll vom 15. Januar 2004, Rating „Arbeitsverhalten"
(nach dem Beobachtungsbogen von Duhm und Althaus 1980). Es wurde ein Kategoriensystem von 1 bis 5 verwendet (sehr selten (1), manchmal (2), teils, teils (3), oft (4), sehr oft (5))

Sprache/sprachlicher Ausdruck/Sprachverständnis	
versteht die Anweisungen richtig	4
beginnt schnell mit der Aufgabe	5
ist geschickt im Umgang mit dem Material	3
arbeitet sorgfältig	4

Sprache/sprachlicher Ausdruck/Sprachverständnis	
arbeitet zügig	4
führt die Aufgabe selbstständig durch	5
beendet seine Aufgabe	3
hilft anderen	4
versteht die Aufgabe nur langsam	1
zögert den Aufgabenbeginn heraus	2
braucht Hilfen von der Erzieherin	1
ahmt die Lösungen anderer Kinder nach	2
hört auf bei Schwierigkeiten	3
will gelobt und ermuntert werden, damit er weiter arbeitet	1
muss ermahnt werden, die Aufgaben zu beenden	1

Nachdem die Erzieherin ihre Aufzeichnungen noch einmal durchgegangen ist und auch hier keine Hinweise auf bestehende Probleme oder Auffälligkeiten gesehen hat, geht sie mit einer offenen und neugierigen Grundhaltung in das Gespräch mit Markus' Mutter. Sie ist gespannt darauf, was diese auf dem Herzen hat.

Gespräch mit Markus' Mutter

Erz.: Guten Tag Frau S., schön, dass Sie gekommen sind. Bitte setzen Sie sich. Möchten Sie eine Tasse Kaffee?

Fr. S.: Ja, danke, gern.

Erz.: Sie sagten, es ginge um die bevorstehende Einschulung?

Fr. S.: Ja, darüber wollte ich gerne mit Ihnen sprechen. Ich bin mir nicht sicher, ob ich Markus einschulen soll.

Erz.: Was macht Sie denn unsicher?

Fr. S.: Ich weiß nicht, er ist doch noch so jung.

Erz.: Ja, das stimmt, er ist zur Zeit noch fünf Jahre alt. Aber er hat ja in drei Monaten Geburtstag und ist dann 6 Jahre alt. Glauben Sie, dass er die Schule noch nicht verkraftet?

Fr. S.: Ja, das denke ich manchmal.

Erz.: Und was bringt Sie auf diesen Gedanken?

Fr. S.: Wissen Sie, Markus spielt noch so gern, außerdem hängt er so an seiner Schwester und auch an meiner Mutter.

Erz.: Ja, das bemerke ich auch manchmal. Er schaut des Öfteren in die andere Gruppe zu seiner Schwester und er erzählt auch viel von zu Hause.

Fr. S.: Ich bin berufstätig und mache mir so viele Gedanken, wie er zurechtkommen wird, mit den Hausaufgaben und so.

Erz.: Befürchten Sie, dass er das nicht alleine schaffen wird?

Fr. S.: Ja, meine Mutter wird ihm nicht viel dabei helfen können, sie ist ja schon etwas älter.

Erz.: Und Markus selbst? Wie denkt er über die Schule?

Fr. S.: Das weiß ich eben nicht.

Erz.: Möchten Sie, dass ich Ihnen ein wenig berichte, wie er sich hier im Kindergarten verhält?

Fr. S.: Oh, ja, das würde mir vielleicht weiterhelfen.

Erz.: Mein Eindruck von Markus ist, dass er sich gut in die Kindergartengruppe eingefunden hat. Er spielt z. B. sehr gern mit Oliver und auch mit Lydia, die etwas jünger ist als er, ich glaube, im Alter seiner Schwester. Er spielt ausdauernd und konzentriert. Auch bei Arbeiten am Tisch, beim Basteln und Malen zeigt er großes Interesse und die Bereitschaft, seine Arbeiten zu Ende zu bringen. Er nimmt sich auch sehr gerne Bilderbücher und guckt sie sich an.

Fr. S.: Oh, ja, das freut mich zu hören, ich lese ihm nämlich viel vor, vor allen Dingen abends.

Erz.: Das ist schön, das merkt man ganz deutlich, denn Markus hat ein gutes Ausdrucksvermögen und ein sehr gutes Sprachverständnis. In diesem Punkt brauchen Sie sich also keine Sorgen zu machen. Wenn Sie noch einmal überdenken, was ich Ihnen gerade über Markus berichtet habe, beruhigt Sie das jetzt etwas?

Fr. S.: Ja, doch, auf jeden Fall. Das hätte ich so nicht gedacht. Vor allem das mit der Selbstständigkeit, das beruhigt mich.

Erz.: Ich könnte mir vorstellen, dass Markus keine Schwierigkeiten haben wird, seine Hausaufgaben nachmittags alleine zu machen. Auch wenn Ihre Mutter nicht helfen kann, sie ist ja anwesend, und das ist das Wichtigste. Könnten Sie sich vorstellen, die Hausaufgaben nachzusehen, wenn Sie nach Hause kommen?

Fr. S.: Ja, das könnte ich auf jeden Fall tun.

Erz.: In manchen Schulen gibt es ja auch eine Betreuung der Hausaufgaben. Wissen Sie schon, ob es so etwas an Markus zukünftiger Schule geben wird?

Fr. S.: Nein, aber da könnte ich mich natürlich erkundigen.

Erz.: Wie wäre es, wenn Markus an einer Hausaufgabenbetreuung teilnähme?

Fr. S.: Das wäre bestimmt gut. Aber kostet das etwas?

Erz.: Da bin ich mir nicht sicher. Manche Schulen nehmen einen geringfügigen Beitrag, aber in manchen Schulen kostet es nichts.

Fr. S.: Gut, da werde ich mich informieren. Sie meinen also, ich sollte Markus also einschulen?

Erz.: Ja, das glaube ich. Markus wird in einigen Monaten schulpflichtig und hat genau das richtige Alter, zur Schule zu gehen und auch die Fähigkeiten dazu.

Fr. S.: Ah, ja, ich verstehe. Ich bin jetzt richtig erleichtert.

Erz.: Das freut mich. Ich sehe nichts, was gegen eine Einschulung spräche, es sei denn, Sie sind noch beunruhigt wegen der Nachmittagssituation.

Fr. S.: Nein, da bin ich jetzt eigentlich gelassener.

Erz.: Markus ist jetzt seit fast zwei Jahren bei mir in der Gruppe, ich habe sein Verhalten gut beobachten können und mir auch mehrere Notizen über ihn gemacht. Soll ich sie mal vorlesen?

Fr. S.: Ja, das wäre interessant für mich.

Erz.: Ich habe am 2. März Markus ca. eine halbe Stunde beim Spielen beobachtet und Folgendes notiert (Sie liest vor). Daraus entnehme ich, dass Markus sehr gut alleine spielen kann, sich aber auch kooperativ gegenüber andern verhält und dass seine Toleranzschwelle groß ist, denn andere Kinder werden z. B. wütend, wenn ihnen etwas kaputtgemacht wird.

Am 11. Februar habe ich speziell auf sein Sprachverhalten geachtet und mir folgende Aufzeichnungen gemacht (sie zeigt sie). Am 23. und 29. Januar habe ich versucht festzustellen, wie oft er sich innerhalb eines bestimmten Zeitraumes aggressiv verhält, und ich habe beobachtet, dass dies kein einziges Mal geschah. Mir ist auch kein wesentlicher Streit in Erinnerung, in den Markus verwickelt gewesen wäre.

Am 15. Januar habe ich noch einmal besonders sein Arbeitsverhalten beobachtet. Dabei habe ich festgestellt, dass er die Anweisungen richtig versteht und auch befolgt, dass er zügig und selbstständig arbeitet, hilfsbereit ist und selbst wenig Hilfen von mir benötigt. Gerade dieser letzte Punkt könnte Sie, Frau S., doch noch einmal beruhigen, oder?

Fr. S.: Ja, das hört sich eigentlich ganz gut an. Ich glaube, ich schule Markus nun doch ein. Ich danke Ihnen ganz herzlich für das Gespräch.

Erz.: Ich danke auch, dass Sie gekommen sind und mit mir über Ihre Sorgen gesprochen haben. Bis zur Einschulung sind ja noch einige Monate Zeit. Wir können noch einmal am Ende der Kindergartenzeit miteinander sprechen, wenn Sie möchten.

Fr. S.: Ja, das ist eine gute Idee. Ich danke Ihnen. Auf Wiedersehen.

Erz.: Auf Wiedersehen, Frau S.

Dieses Gespräch wurde auf der Grundlage der kooperativen Gesprächsführung geführt. Die Erzieherin war offen für das Anliegen der Mutter und ist darauf eingegangen. Die Sorgen der Mutter bezogen sich hauptsächlich auf die Hausaufgabensituation und hingen mit ihrer Berufstätigkeit und der häuslichen Situation zusammen. Dies hat die Erzieherin im Gespräch aufgegriffen und die Sorgen der Mutter ernst genommen. Wenn sie sofort das Gespräch mit einer Schilderung von Markus' Fähigkeiten begonnen hätte, hätte die Mutter vielleicht ihre Befürchtungen nicht geäußert. Das Gespräch mit einer Frage nach dem Gesprächsgegenstand zu beginnen, ist sehr günstig. So hat sich die Erzieherin gleich zu Beginn vergewissert, dass es um die bevorstehende Einschulung geht. Sie hat dann sofort das Gefühl der Unsicherheit, das die Mutter verbalisiert hat, aufgegriffen und danach gefragt, was sie denn verunsichere. Die Erzieherin hat konstruktive Vorschläge gemacht, die die Mutter annehmen konnte und die ihr neue Perspektiven eröffnet haben. Gleichzeitig hat sie die Fähigkeiten von Markus noch einmal betont und ihre Meinung geäußert, dass nichts gegen seine Einschulung spräche. Sie hat der Mutter sämtliche Aufzeichnungen gezeigt und alle Beobachtungsergebnisse mitgeteilt, um ihren

Standpunkt noch einmal zu untermauern. Das hat die Mutter überzeugt. Die Erzieherin hat die Mutter nicht überredet, sondern im Gegenteil an ihre freie Entscheidung, aber auch Verantwortung appelliert. Zu guter Letzt hat die Erzieherin ein weiteres Gesprächsangebot gemacht, worüber Frau S. sehr froh war. Damit ist dieses Gespräch zur vollen Zufriedenheit beider Gesprächspartner verlaufen und konnte in Übereinstimmung beider beendet werden.

Zweites Gesprächsbeispiel

Nicht immer läuft ein Gespräch im Konsens ab. Es ist auch nicht das Ziel eines Beratungsgesprächs, Übereinstimmung in den Meinungen zu erzielen, sondern verschiedene Meinungen im Gespräch miteinander auszutauschen und so Gelegenheit zum Umdenken zu geben. Häufig geschieht es, dass Eltern die feste Absicht haben, ihr Kind einzuschulen und von sich aus nicht auf den Gedanken kommen, darüber mit der Erzieherin zu sprechen. Sie kommen dann manchmal mit Erstaunen und auch Skepsis zum Gespräch, zu dem sie von der Erzieherin gebeten worden sind. Sie kommen mit der Grundeinstellung: „Ich will, dass mein Kind eingeschult wird, spricht etwa etwas dagegen?“ Um das folgende Gespräch hatte Frau H. nicht gebeten, aber sie war bereit, mit der Erzieherin zu reden, als diese sie darauf ansprach.

> Es geht um Lars. Er ist zwei Monate nach dem Stichtag 30. Juni geboren und ist in diesem Jahr noch nicht schulpflichtig. Seine Eltern möchten ihn aber dennoch schon einschulen. Lars ist der Erzieherin schon seit längerem aufgefallen. Sie hält ihn ohne zusätzliche externe Förderung noch nicht für schulfähig. Des Öfteren hatte sie schon Frau H. um ein Gespräch gebeten, aber diese hatte bislang nie Zeit dafür gehabt.

Jetzt kommt endlich ein Gespräch zustande. Wieder bereitet sich die Erzieherin gedanklich darauf vor und trifft alle notwendigen äußeren und inneren Vorbereitungen. Sie richtet den Raum her, in dem das Gespräch geführt werden soll, liest ihre Notizen und Protokolle noch einmal durch und befragt auch noch einmal ihre Kolleginnen nach deren Eindruck. Bislang ist ihr Lars als sehr wild und ungezügelt aufgefallen. Er ist ein kräftiger Junge, größer als alle anderen, und häufig in Streitigkeiten und auch Prügeleien verwickelt. Er kann sich nur sehr schwer an Regeln halten, schiebt die Schuld oft auf andere und hat immer eine Ausrede parat. Er interessiert sich fast ausschließlich für das Spielen draußen auf der Spielwiese, rennt dort allerdings häufig nur ziellos herum und ist nur sehr schwer zum Basteln und Malen am Tisch zu motivieren. Feinmotorisch ist er ausgesprochen ungeübt, seine Stifthaltung wirkt ungelenk. Er bleibt nie länger als fünf Minuten am Tisch sitzen, bringt seine Aufgaben nicht zu Ende und widersetzt sich den Vorschlägen oder auch Anweisungen der Erzieherinnen. Die Erzieherin ist sehr skeptisch, was seine derzeitige Schulfähigkeit anbetrifft, zumal er noch nicht schulpflichtig ist.

Gespräch mit Frau H.:

Erz.: Guten Tag, Frau H. Ich freue mich, dass wir heute die Gelegenheit haben, miteinander zu sprechen. Ich glaube, es war etwas schwierig für Sie, Zeit zu finden?

Fr. H.: Das kann man wohl sagen! Sie haben ja auch mächtig gedrängelt!

Erz.: Es ist mir wichtig, mit Ihnen über Lars zu sprechen, denn es naht ja sein Einschulungstermin.

Fr. H.: Ja, endlich kommt er zur Schule. Da wird man ihm schon beibringen, wie er sich zu verhalten hat!

Erz.: Haben Sie das Gefühl, dass uns das nicht so recht gelungen ist?

Fr. H.: Na ja, immer kommt er mit kaputten Knien nach Hause und mit total beschmutzter Hose.

Erz.: Ja, er fällt sehr oft hin, das ist mir auch schon aufgefallen. Er stolpert beinahe über alles, was auf dem Boden liegt.

Fr. H.: Ja, ich sag ihm immer: „Heb doch deine Beine hoch"! Aber er weiß ja alles besser!

Erz.: Haben Sie schon einmal daran gedacht, dass mit seinem Gleichgewichtsempfinden und seiner Körperkoordination etwas nicht in Ordnung ist?

Fr. H.: Wieso das denn? Was soll denn da nicht in Ordnung sein?

Erz.: Mir ist aufgefallen, dass er auch in den Innenräumen sehr häufig gegen Tische stößt, über Klötzchen fällt, die am Boden liegen, dass er andere Kinder anrempelt. Passiert das zu Hause auch schon mal?

Fr. H.: Tja, wenn Sie das so sagen, das stimmt. Es kommt sehr oft zu Streitigkeiten mit seinen kleineren Brüdern, die er schubst, und die sich beschweren, dass er ihnen alles kaputtmacht.

Erz.: Haben Sie den Eindruck, dass er das mit Absicht macht?

Fr. H.: Nee, eigentlich nicht, er ist so schusselig.

Erz.: Ja, so könnte man denken. Ich kenne jedoch einige Kinder, die als „schusselig" bezeichnet werden, die aber nicht anders können, als dauernd hinzufallen, sich zu stoßen usw. Ich habe bei ihnen eine kinderärztliche Untersuchung empfohlen, und zwei von ihnen erhalten nun eine ergotherapeutische Behandlung, die ihnen sehr gut tut. Könnte das vielleicht auch etwas für Lars sein?

Fr. H.: Ja, das wäre möglich. So habe ich es noch nicht gesehen. Aber zur Schule kommt er auf jeden Fall!

Erz.: Ich bin da skeptisch. Er hat ja auch noch Zeit und ist noch nicht schulpflichtig. Ich glaube, er braucht vorher noch etwas mehr Förderung als wir ihm hier im Kindergarten geben können.

Fr. H.: Und welcher Art sollte das sein?

Erz.: Ich habe Lars mehrmals gezielt beobachtet und mir auch einige Notizen gemacht. Ich habe bemerkt, dass er nur selten länger als fünf Minuten am Tisch sitzt, dass seine einzige Vorliebe darin besteht, draußen wie wild herumzulaufen, oft sehr ungezielt und wild. Das haben wir ja schon besprochen. Was mich auch noch beunruhigt, ist, dass er nicht gut zuhören kann, an Geschichten kaum interessiert ist und auch nur selten in zusammenhängenden Sätzen spricht.

Fr. H.: Aber ich habe immer gedacht, dass er hier im Kindergarten gefördert wird.

Erz.: Das wird er auch. Aber manche Kinder brauchen eventuell mehr Förderung als andere. Haben Sie schon einmal etwas von einer schulpsychologischen Beratungsstelle gehört?

Fr. H.: Um Gottes willen, nicht zum Psychologen!

Erz.: Kennen Sie die Aufgaben eines Schulpsychologen?

Fr. H.: Da geht man hin mit schwierigen Kindern.

Erz.: Ja, aber nicht nur. Schulpsychologen untersuchen Ihr Kind sehr gründlich, geben auch eine Empfehlung bzgl. der Einschulung und empfehlen Ihnen bei Bedarf zusätzliche Förderung, z. B. bei einem Ergotherapeuten.

Fr. H.: Was ist das denn?

Erz.: Ergotherapeuten fördern Kinder in der Grob- und Feinmotorik, also Kinder, die wie Lars oft hinfallen und sich stoßen und die beim Basteln und Malen Schwächen aufweisen.

Fr. H.: Ja, abklären kann ich es ja lassen, aber mein Sohn kommt doch zur Schule?

Erz.: Wie ich schon sagte, bin ich in diesem Punkt skeptisch und würde Sie bitten, die Frage der frühzeitigen Einschulung noch genauer von der schulpsychologischen Beratungsstelle abklären zu lassen.

Fr. H.: Ja, ich werde das noch mit meinem Mann besprechen. Ich danke Ihnen.

Erz.: Und ich danke Ihnen für das Gespräch. Falls Sie noch einmal mit mir sprechen möchten, rufen Sie mich an.

Ob die Erzieherin in diesem Gespräch die Mutter inhaltlich erreicht hat, kann nicht genau gesagt werden. Es liegt auch nicht in der Macht der Erzieherin zu erreichen, dass die Mutter die kinderärztliche und schulpsychologische Untersuchung auch wirklich in Anspruch nimmt. Sie kann nur eine Empfehlung aussprechen, mehr nicht. Den versteckten Vorwurf der Mutter zu Beginn des Gesprächs hat sie geschickt übergangen und die Sachebene aufgegriffen. Das Stolpern und Hinfallen des Kindes könnte auf eine grobmotorische Auffälligkeit hinweisen, die vom Kinderarzt und eventuell von einem dann noch zu konsultierenden Orthopäden genauer untersucht werden sollte. Auch hier kann die Erzieherin nur Empfehlungen aussprechen und Hinweise auf mögliche unterstützende Einrichtungen geben, wie sie es dann auch mit der Bemerkung „schulpsychologische Beratungsstelle" getan hat. Hier stieß sie zunächst auf Ablehnung aufgrund von Vorurteilen und mangelnder Information. Die Erzieherin kann Frau H. natürlich nicht dazu bringen, die Beratungsstelle aufzusuchen, aber sie hat diese Möglichkeit als weiteres Hilfsangebot ins Gespräch gebracht. Die Erzieherin kann sich vor Gefühlen des Frustes und der Enttäuschung schützen, indem sie sich immer wieder sagt, dass sie nur informieren und beraten kann, dass aber die Entscheidung darüber, wie letzten Endes gehandelt wird, den Eltern überlassen bleibt.

Bei der Frage der Einschulung gibt es jedoch auch noch professionelle Unterstützungsangebote, z. B. durch schulpsychologische Beratungsstellen, zu deren Aufgabenbereich u. a. auch die Überprüfung der Schulfähigkeit, vor allem bei früh einzuschulenden Kindern, und die Beratung der Eltern gehört.

7 Die Kooperation Kindergarten – Eltern – Schule

7.1 Die Zusammenarbeit zwischen Kindergarten und Grundschule

Der Schuleintritt ist als ein „ökologischer Übergang“ (Nickel und Schmidt-Denter 1995) von einem Lebensbereich in den anderen anzusehen und sollte von Erzieherinnen und Eltern als gleitende Überleitung zu neuen Anforderungen und Aufgabenbereichen der Kinder verstanden werden. Für Kindergartenkinder stellt der Übergang vom Kindergarten in die Grundschule jedoch zunächst einmal einen Einschnitt dar und geht mit Veränderungen in ihrem Lebensumfeld einher, er kann auch als kritisches Lebensereignis bezeichnet werden (Griebel und Niesel 2003). Die Bewältigung des Übergangs ist eine Entwicklungsaufgabe und betrifft nicht nur die Kinder, sondern auch deren Eltern. Eine positive Grundeinstellung der Eltern und auch der Erzieherinnen zur Institution Schule erleichtert es dem Kind, die kommenden Anforderungen als Herausforderungen zu begreifen und im Vertrauen auf seine Fähigkeiten die neue Phase zu bewältigen. Nicht wenige Eltern und auch Erzieherinnen verbinden Schule jedoch überwiegend mit negativen Erlebnissen und setzen sie mit Leistungszwang und Leistungsnormierung gleich. Im Schulanfang sehen sie den Beginn des „Ernst des Lebens“ und sprechen vor den Kindern davon, dass nun die Zeit des Spielens vorbei und die Zeit des Lernens, Übens, der Prüfungen und Klassenarbeiten gekommen sei. Sätze wie: „Warte nur, bis du in die Schule kommst …“ rufen bei vielen Kindern ungute Gefühle, Ängste und böse Vorahnungen hervor und führen häufig dazu, dass sie sich schon vor Schuleintritt innerlich verspannen und gegen die Schule wehren. Nützlich wären im letzten Halbjahr vor Schulbeginn Elternabende, an denen Eltern und Erzieherinnen gemeinsam ihre Einstellung zur Schule reflektieren, eventuell korrigieren und über Verhaltensweisen nachdenken könnten, die bei ihren Kindern zur ungetrübten Vorfreude führen.

Wie immer die Einstellung von Erwachsenen – Erzieherinnen und Eltern – zur Schule auch sein mag, sie sollten dabei bedenken, dass ihre Schulerfahrungen doch mindestens zehn bis fünfzehn Jahre und mehr zurückliegen und dass Schule trotz aller Beständigkeit auch einem zwar langsamen, aber doch deutlichem Wandlungsprozess unterliegt. In den letzten Jahren haben sich in den Grundschulen Aktivitäten entwickelt, die die Veränderungen in den Lebensbedingungen der Kinder berücksichtigen und Freiräume für individuelle Bedürfnisse schaffen. Fächerübergreifendes Lernen, Kooperation, Teamarbeit und inhaltliche Absprachen geraten immer mehr in das Blickfeld engagierter Lehrerinnen und Lehrer. Viele konkrete Veränderungen haben sich vollzogen. So ist z. B. vielerorts der jahrgangsübergreifende Unterricht eingeführt worden, in dem Kinder verschiedenen Alters und unterschiedlicher Kompetenzstufen miteinander lernen. Weiterhin gibt es in vielen Bundesländern die flexible Schuleingangsphase, in der Kinder bis zu drei Jahren die Eingangsphase durchlaufen können. Auf diese Weise wird Kindern in den ersten zwei oder drei Schuljahren Zeit gegeben, sich an die schulischen Anforderungen zu gewöhnen, ohne gleich einem Versetzungs- oder Rückstufungsprozess zu unterliegen. In vielen Grundschulen sind in den ersten Klassen die Zeugnisnoten abgeschafft worden und verbalen Beurteilungen gewichen, die die Stärken und Schwächen eines Kindes zwar benennen, aber nicht bewerten. Auch dies mindert den häufig beschworenen Leistungsdruck.

In vielen Grundschulen wird heute offener Unterricht, freie Arbeit nach einem Wochenplan statt des bekannten Frontalunterrichts praktiziert. Es gibt in den Klassen nicht nur die gemütliche Spielecke mit von Eltern bereitgestellten, ausrangierten alten Sofas, Matratzen und Sitzkissen, sondern auch die eigene kleine Klassenbücherei mit Leseecke und Rückzugsmöglichkeiten für die Kinder. Spielerische Angebote, Ruhepausen nach Bedarf und Abweichen vom 45-Minuten-Takt gehören heute zum festen Bestandteil von Unterricht. Viele Lehrerinnen und Lehrer lösen sich vom herkömmlichen Unterricht und erproben neue Unterrichtsformen. Sie gehen mit den Kindern nach draußen, führen psychomotorische Übungen durch, lassen alle Arten von Sinneserfahrungen zu, bauen Spiel- und Entspannungsphasen in ihren Unterricht ein und wenden Kreativmethoden an wie Phantasie- und Traumreisen, die den Methoden des Kindergartens gar nicht so unähnlich sind und damit Schulanfängern eine vertraute Praxis darstellen.

Schule und ganz besonders die Grundschule reagiert damit auf die entwicklungsmäßigen intellektuellen, sozialen, kulturellen und ökonomischen Unterschiede ihrer Schülerschaft. Sie stellt eine Vielfalt von Unterrichtsformen und Unterrichtskonzepten zur Verfügung, um den veränderten Lebenswelten und den unterschiedlichen Lebenssituationen von Kindern gerecht zu werden. Schule verändert sich mit der Gesellschaft. Sie muss sich geradezu auf die veränderten Lebensbedingungen einstellen, wenn sie eine an den Bedürfnissen der Kinder orientierte Institution sein und den Kindern in der Schule selbst, durch einen veränderten Unterrichtsstil und durch eine wohlüberlegte Didaktik und Methodik, die Möglichkeit bieten will, mit den Veränderungen fertig zu werden. Die offizielle Aufgabe der Grundschule ist es, alle Kinder optimal zu fördern. Voraussetzung dafür ist die individuelle Beobachtung jedes einzelnen Kindes und seine gezielte Förderung.

Es ist Aufgabe der Grundschule, die Arbeit des Kindergartens weiterzuführen und die Kinder behutsam von mehr spielorientierten allmählich zu mehr sach- und aufgabenorientierten Lernformen zu führen. Sie geht in ihren didaktischen und methodischen Konzepten auch nicht davon aus, dass alle Kinder denselben Fähigkeits- und Kenntnisstand besitzen, sondern stellt sich auf ihre individuellen Lernvoraussetzungen ein. Auch wenn sich Kindergarten und Grundschule auf verschiedenen Ebenen des Erziehungs- und Bildungswesens befinden, unterschiedliche Personalstrukturen, Trägerschaften und Finanzierungsregelungen aufweisen, so arbeiten sie doch gemeinsam im Interesse des Kindes. Aus dieser Zielsetzung resultiert nicht nur der Anspruch auf Zusammenarbeit, sondern auch die Verpflichtung zur Kooperation und zu gemeinsamen Absprachen. Es ist für Erzieherinnen wichtig zu wissen, dass Schule nicht mehr Lernanstalt im alten Stil ist, sondern eine kindgerechte Leistungsschule, die den Kindern – ähnlich wie der Kindergarten – einen Lebens- und Erfahrungsraum bieten will. Auf dem Hintergrund dieses Wissens können sie mithelfen, Kinder auf die Schule positiv vorzubereiten, so dass sie ihr mit Spannung und Vorfreude entgegensehen.

Kindergarten und Grundschule unterscheiden sich zwar in personeller, struktureller, organisatorischer Hinsicht und in der inhaltlich pädagogischen Arbeit voneinander, sie sind jedoch zum Wohle des Kindes zu einer sorgfältig geplanten und durchgeführten Zusammenarbeit verpflichtet. Es muss ein kontinuierlicher Austausch zwischen beiden Institutionen gewährleistet sein. Eine solche Kooperation beinhaltet (Abb. 31):

Abb. 31: Zusammenarbeit zwischen Kindergarten und Grundschule (Franken 2004)

- Ein gegenseitiges Kennen lernen der pädagogischen Arbeitsweise
- Ein Austausch von Information

- Ein Austausch von Erfahrungen
- Gegenseitiges Hospitieren
- Einbeziehung der Eltern
- Zusammenarbeit mit externen Diensten
- Bildung von Kooperationsbeauftragten

In Teamkonferenzen und Arbeitsgemeinschaften lernen Erzieherinnen und Grundschullehrerinnen und -lehrer einander nicht nur persönlich kennen, sondern auch die jeweils andere pädagogische Arbeitsweise. Dies ist für beide Seiten wichtig, für die Erzieherinnen genau so wie für die Lehrerinnen und Lehrer, denn beide haben das Ziel die Kinder in der Bewältigung des Schulübergangs zu unterstützen. Die Eltern sind nach wie vor die wichtigsten Bezugspersonen der Kinder, daher sollten sie vorrangig in alle Pläne einbezogen und alle Handlungsschritte mit ihnen abgesprochen werden. Die Bildung von Kooperationsbeauftragten, von Fachkräften aus dem Kindergarten- und aus dem Grundschulbereich ermöglicht die angestrebte Verzahnung. Die jeweiligen Kooperationsbeauftragen haben eine Schlüsselrolle inne, von ihnen gehen die Impulse zur Zusammenarbeit aus und deren konkrete Ausgestaltung. Sie „wachen" über die Einhaltung von Terminen und Veranstaltungen und führen zu diesem Zweck einen sog. Kooperationskalender (Franken 2004).

Voraussetzung für eine gelingende Kooperation zwischen Kindergarten und Grundschule ist nicht nur die Kompetenz aller Beteiligten in der Frage des reibungs- oder auch schwellenlosen Übergangs vom Kindergarten in die Grundschule, sondern auch ein Umdenken bei allen Verantwortlichen. Unterschiedliche Ausbildungsgänge, Besoldungsstufen und Arbeitsbedingungen führen zum Statusdenken der Betroffenen und zu Unterschieden im Selbstverständnis. Gesellschaftlich gewachsene Vorurteile, Organisatorische Probleme, Zeitfragen und unterschiedliche Einzugsbereiche von Kindergärten und Grundschulen erschweren die Zusammenarbeit und sind der Hintergrund für auftretende Reserviertheiten auf beiden Seiten, für Missverständnisse und Ungereimtheiten. Elementar- und Primarpädagogik sind zwar nicht deckungsgleich, weisen aber viele Gemeinsamkeiten auf.

Abgesehen von möglichen Hindernissen und Erschwernissen haben Erzieherinnen und Grundschullehrerinnen und -lehrer jedoch vielfältige Möglichkeiten, die Zusammenarbeit kreativ zu gestalten, was in vielen Städten und Schulgemeinden auch erfolgreich umgesetzt wird. Hacker (1998) entwarf schon vor Jahren einen sog. Kooperationskalender, der vom November bis zum Oktober des nächsten Jahres reicht und zahlreiche mögliche Aktivitäten der Zusammenarbeit auflistet. In letzter Zeit wurden in den meisten Bundesländern Leitlinien für die Zusammenarbeit zwischen Kindergarten und Grundschule erarbeitet, die für beide Seiten eine große Hilfe und eine Orientierung darstellen.

Vielerorts gibt es fest installierte kontinuierliche Arbeitskreise und gemeinsame Treffen zwischen Grundschule und Kindergarten, an denen sich Erzieherinnen und Erstklasslehrerinnen nicht nur kennen lernen, sondern auch gemeinsam über pädagogische Konzepte sprechen können. Es geht dabei um beiderseitigen Erfahrungsaustausch und um Fragen, wie in der Schule gearbeitet wird, welche Anforderungen die Schule stellt und welche Lern- und Lebensvoraussetzungen die Kinder mitbringen. Zu manchen dieser Treffen werden auch Schulpsychologen eingeladen, die ihr Wissen und ihre Kenntnisse über Entwicklungsvorgänge an Erzieherinnen und Lehrerinnen und Lehrer weitergeben können. Bei diesen Treffen verstehen sich Grundschullehrerinnen und -lehrer und Erzieherinnen als Partner, die zum Wohle des Kindes zusammenarbeiten und die ein gemeinsames Interesse daran haben, den Schulbeginn des Kindes reibungslos und für das Kind angenehm verlaufen zu lassen.

7.2 Die Zusammenarbeit zwischen Kindergarten und Eltern

Ein wichtiger Faktor beim Übergang vom Kindergarten in die Schule ist die Elternarbeit. Neben den Erzieherinnen haben Eltern die wichtige Funktion, ihre Kinder positiv auf die Schule vorzubereiten und gar nicht erst Hemmungen, Ängste und Scheu vor der Schule aufkommen zu lassen, d. h. das Selbstvertrauen der Kinder in das eigene Können kontinuierlich zu fördern. Elternarbeit gewinnt eine besondere Bedeutung in der Endphase der Kindergartenzeit eines Kindes. Die Initiativen zur Zusammenarbeit gehen häufig von den Erzieherinnen aus, die die Vermittlungsarbeit leisten, den Elternrat ansprechen, Themen vereinbaren und Termine vorschlagen. Elternabende sind ein geeignetes Forum für Eltern, gemeinsam mit den Erzieherinnen das Abschiednehmen vom Kindergarten zu planen und zu gestalten.

Nicht nur Elternabende sind wichtig, um den Kontakt zwischen Erzieherinnen und Eltern herzustellen und zu wahren, sondern auch kontinuierliche Einzelgespräche, die in Form eines partnerschaftlichen Dialogs (Franken 2004) geführt werden sollten. Ziel ist es, sich über die Entwicklung, die Fortschritte oder auch Rückschritte eines Kindes und weitere notwendige Fördermöglichkeiten auszutauschen. Eltern sollten das Gefühl haben, willkommen zu sein, denn zum Zeitpunkt der Einschulung sind sie oftmals unsicher, zeigen sich besorgt und manchmal auch ängstlich.

Erzieherinnen und Eltern machen sich häufig schon lange vor Beendigung der Kindergartenzeit ihrer demnächst schulpflichtigen Kinder Gedanken darüber, wie sie den Abschied vom Kindergarten gestalten werden (Griebel und Niesel 2002). Es sollte ein Fest sein, das mit allen gemeinsam gefeiert wird. In vielen Kindergärten endet es mit einer Übernachtung der schulpflichtigen Kinder im Kindergarten, die meistens den Höhepunkt des Tages darstellt und den Kindern noch lange in Erinnerung bleibt. Die vielleicht erste Übernachtung, die die Kinder in ihrem Leben in Gemeinschaft mit vielen anderen Kindern erleben, kann zu einem wunderschönen und unvergesslichen Erlebnis werden, zu dem Eltern und Erzieherinnen gemeinsam beitragen: Grillfest am Spätnachmittag mit Holzkohlenfeuer und kaltem Buffet, eine kleine Nachtwanderung mit Taschenlampen, Schlafen auf Luftmatratzen, spannende oder lustige Gute-Nacht-Geschichten nach der „Kissenschlacht“ und sanfte Entspannungsmusik zum Einschlafen, all dies erfreut Kinderherzen und lässt sie den Abschied vom Kindergarten leichter ertragen.

Viele Erzieherinnen verabschieden sich von den Kindern nicht nur per Handschlag, sondern häufig auch in Form eines kleinen Rituals, das feierlich begangen wird: Jedes Kind erhält ein von den jüngeren Kindern gebasteltes kleines Geschenk, das mit passenden Worten überreicht wird, und jedem Kind werden individuelle Gedanken und Wünsche mit auf seinen zukünftigen Weg gegeben. Für viele Kinder bedeutet es eine Beruhigung zu wissen, dass sie jederzeit nachmittags „ihre“ Erzieherinnen und „ihre“ jüngeren Freunde und Freundinnen im Kindergarten besuchen und dass sie erzählen können, wie es ihnen in der Schule geht.

Der gemeinsame Gedankenaustausch ist auch deshalb von großer Bedeutung, weil nicht nur der Kindergarten die abzugebenden Kinder auf den Schulanfang „vorbereitet“, sondern auch die Schule sich auf die Kinder vorbereiten muss, die sie aufnimmt, d. h. die Schule muss bereit sein, sich in ihren Anforderungen an die Lernvoraussetzungen der Kinder anzupassen, um sie so optimal und individuell fördern zu können. Die Erzieherin nimmt mit der Grundschule bzw. die Erstklasslehrerin mit dem Kindergarten Kontakt auf, lädt ein, kündigt ihren Besuch in der anderen Institution an. Die Erzieherin kann in Absprache mit der Schule die demnächst schulpflichtigen Kinder schon einmal zur Schule führen, sie den Schulhof und die Klassenräume kennen lernen lassen. Sie kann die tausend Fragen der Kinder beantworten, die sich vor allem auf ihre eigenen Unsicherheiten, Ängste und auch Bedürfnisse beziehen, die im Verlauf eines Vormittags in der Schule entstehen können, z. B. (Abb. 32):

Abb 32: Tausend Fragen der Kinder vor der Einschulung

- „Darf ich in der Schule essen?"
- „Wenn ich plötzlich auf die Toilette muss…?"
- „Wenn ich etwas nicht kann …?"
- „Wenn ich morgens müde bin …?"
- „Muss ich das tun, was die Lehrerin sagt?"
- „Darf ich meinen Teddy mit in die Schule nehmen?"

7.3 Zusammenarbeit zwischen Eltern und Grundschule

Viele Schulen gestalten Tage der offenen Tür, zu denen sie die Eltern der zukünftigen Schulanfänger einladen, oder sie organisieren einen Willkommenstag oder auch Tag des Kennenlernens für Kindergartenkinder, an dem diese Klassenräume, Toiletten, Flure und Pausenhöfe schon einmal besichtigen und somit eventuelle Hemmungen und Ängste abbauen können. Auch hier haben Eltern Gelegenheit, sich zu informieren, sich die Schule zusammen mit ihrem Kind anzusehen, die Lehrerinnen und Lehrer schon einmal kennen zu lernen und mit ihnen über die Gestaltung des ersten Schultages zu sprechen. Wichtige Fragen wie „Ist der Weg zur Schule verkehrssicher?", „Was gehört in die Schultüte?", „Was soll es in seinem Schulranzen mitbringen?“ usw. können besprochen werden. Wenn nicht schon die Erzieherinnen diese Fragen mit den Eltern erörtert haben, werden die Grundschullehrerinnen und -lehrer spätestens an diesem Tag Eltern praktische Tipps geben:

- Eltern sollten den Schulweg vorher mit ihren Kindern abgehen und mit ihnen üben, gefährliche Straßen nur an Fußgängerampeln oder Straßenkreuzungen mit Ampelregelung zu überqueren.
- In die Schultüte gehören nicht nur Süßigkeiten, sondern auch Obst und nützliche Kleinigkeiten für die Schule.
- Der Schulranzen sollte am ersten Tag nur das Federetui enthalten.
- Auch später sollten die Eltern darauf achten, dass nur die unbedingt nötigen Dinge mitgenommen werden, damit der Ranzen nicht zu schwer ist.
- Der Ranzen sollte auf dem Rücken getragen werden.
- Die Kinder sollten in den ersten drei Grundschuljahren nicht allein mit dem Fahrrad zur Schule fahren, denn sie haben in diesem Alter noch nicht die nötige Reaktionsfähigkeit.
- In den Grundschulen wird in den meisten Bundesländern zu Beginn der vierten Klasse eine Fahrradprüfung abgelegt. Erst nach bestandener Prüfung haben Kinder bewiesen, dass sie sich verkehrssicher verhalten können, und dürfen mit dem Fahrrad zur Schule fahren.
- Die Eltern mögen sich bei den Hausaufgaben bitte nicht direkt neben das Kind setzen, sondern sollten es gleich daran gewöhnen, die Hausaufgaben alleine zu machen.

Eltern, insbesondere die Mütter, sollten ihre Kinder nicht in den Pausen besuchen, um ihnen eventuell vergessenes Pausenbrot oder etwas zum Naschen zu bringen. Gerade der letzte Punkt bezieht sich auf die manchmal schwer zu erfüllende Aufgabe von Eltern, ihr Kind „loszulassen“, es nicht behüten und festhalten zu wollen. Dazu gehört, dass Mütter und Väter Vertrauen in ihr Kind setzen und die feste Überzeugung haben, dass es selbstständig genug, vorbereitet und gerüstet ist, um die kommenden Aufgaben selbstverantwortlich zu bewältigen. Eltern sollten ihre Kinder nicht mehr wie „Kleinkinder“ behandeln, sondern wie „Schulkinder“, und das heißt, ihnen im Vertrauen auf ihre erworbenen Fähigkeiten und Fertigkeiten, Sicherheit und die Gewissheit zu vermitteln, dass sie die nötige „Lebenskompetenz“ erlangt haben, um mit den Anforderungen der Schulsituation fertig zu werden. Je selbstsicherer, zuversichtlicher und unverzagter Eltern selbst mit der neuen Situation umgehen, desto mehr stärken sie ihre Kinder und desto mehr können diese alle Ressourcen aktivieren, über die sie bei Schulbeginn verfügen.

8 Ausblick

„Es gibt nichts Ungerechteres als die gleiche Behandlung von Ungleichen“
P. F. Brandwein
(Amerik. Psychologe, 1912–1994)

Die Erziehung und Bildung unserer Kinder beginnt in der Familie, wird in Kindergarten und Schule in den Elementar-, Primar- und den Sekundarbereichen I und II fortgeführt, um anschließend in der beruflichen oder auch universitären Ausbildung ihren vorläufigen „Abschluss“ zu finden. In allen diesen Bereichen geht es jeweils um Individualisierung und Flexibilisierung der pädagogischen Maßnahmen. Die Forderung, unterschiedliche Bedingungen für unterschiedliche Kinder zu schaffen, resultiert aus der langjährigen Beobachtung ihrer unterschiedlichen Voraussetzungen und unterschiedlichen Leistungspotentiale. Früherkennung besonders fähiger Kinder im Kindergarten und von Schülerinnen und Schülern in der Schule, Identifikation und Berücksichtigung von außergewöhnlichen Leistungen, Förderung von Begabungen sowie innere und äußere Differenzierung sind Themen, die augenblicklich die pädagogische Diskussion bestimmen. Die Gründung von Internaten für Hochbegabte, erweiterte Angebote in Schulen („vertieftes Lernen“) und Möglichkeiten, Klassen zu überspringen oder auch teilweise am Unterricht höherer Klassen teilzunehmen („beschleunigtes Lernen“), die Bildung von Projekt-, Profil- oder auch D-Zugklassen in einzelnen Gymnasien der verschiedenen Bundesländer sowie die Gründung von sog. Kinder-Unis – z. B. mit großem Erfolg in Bielefeld gestartet – sind nur einige Beispiele für die Richtung in der Bildungspolitik der letzten und auch der kommenden Jahre. Sie alle betonen den Aspekt der differenzierten Förderung, d. h. Kinder, Jugendliche und junge Erwachsene in der Schule so zu fördern, wie es ihrer individuellen Begabung entspricht. Übergeordnetes Ziel ist es, ihnen individuelle Schullaufbahnen zu ermöglichen

Dabei soll die Förderung schwächerer Schüler keineswegs vernachlässigt werden. Sie ist genau so wichtig wie die Förderung leistungsstarker Schüler, nur ist letztere lange Zeit etwas vernachlässigt worden und soll nun wieder mehr in den Blickpunkt gelangen. Von wesentlicher Bedeutung bei der Suche nach dem „richtigen" Bildungsweg ist die Beratung. Sie gewinnt einen höheren Stellenwert denn je, um sich im Dschungel der Bildungsgänge zurechtzufinden. Schon beim Übergang vom Elementar- zum Primarbereich zeigt sich die Notwendigkeit der Beratung, da individuelle und flexible Entscheidungen getroffen werden können. Die große Bandbreite in den Lernvoraussetzungen der Kinder haben zu einem veränderten Schulfähigkeitsbegriff und zu einer Neuformulierung der Schulrechtsbestimmungen in den Grundschulen geführt, so dass fünfjährige Kinder ohne bürokratische Hürden eingeschult werden können, wenn sie die entsprechenden geistigen, emotionalen und sozialen Voraussetzungen besitzen. Auch der flexible und kindgerechte Schulbeginn sowie die individuelle Förderung von noch nicht schulfähigen, aber schon schulpflichtigen Kindern gehören zu einigen der wichtigen bildungspolitischen Themen und pädagogischen Herausforderungen der Zukunft. Jedem Kind zur optimalen Entfaltung seiner individuellen Persönlichkeit zu verhelfen, ist Wunsch aller Eltern und zugleich Auftrag des Staates an Erzieherinnen und Lehrerinnen und Lehrer.

Der Kindergarten hat einen eigenständigen Erziehungs- und Bildungsauftrag, seine Aufgabe ist es nicht, auf die Schule vorzubereiten, wohl aber auf das Leben. Das Kind ist am Ende seiner Kindergartenzeit kein „fertiges“ Schulkind, sondern entwickelt sich dazu auch noch nach Schulbeginn. Alle Kinder lernen hinzu, wenn auch in individuellem Tempo. Die Spannbreite ihrer Leistungsfähigkeit ist groß, dafür sind u. a. auch die unterschiedlichen Lebensbedingungen und Anregungen im Elternhaus, die unterschiedliche Lernbereitschaft und Aufnahmekapazität der Kinder und damit verbunden das unterschiedliche Ausgangsniveau schon beim Eintritt in den Kindergarten verantwortlich. Die Erzieherin erhält in der Beurteilung der Stärken und Schwächen eines Kindes und der daraus folgenden notwendigen Förderung vor Schuleintritt eine neue bzw. erweiterte Aufgabe. Auch wenn die Beobachtung der Kinder und die Beratung der Eltern immer schon zu ihrem Aufgabenbereich gehört haben, so kommt nun ihrer Einschätzung der Stärken und Schwächen eines Kindes und der Beratung der Eltern ein größeres Gewicht als bisher zu. Da der Begriff der Schulfähigkeit nicht allein vom Kind abhängt, sondern auch vom Anforderungscharakter der Schule mitbestimmt wird, ist eine gute Kooperation zwischen Elternhaus, Kindergarten und Schule bei der Frage des kindgerechten Einschulungstermins notwendig. Dies erfordert Teamarbeit und Absprachen untereinander und setzt voraus, dass der Wille zur Zusammenarbeit gegeben ist, dass Unsicherheiten im Umgang miteinander abgebaut und dass im Vertrauen auf die gegenseitigen Kompetenzen sachgerechte und individuelle Entscheidungen gefällt werden.

In einer individualisierten Gesellschaft muss es das Recht des Einzelnen auf Eigenständigkeit, Einzigartigkeit und auch Besonderheit geben. Den Eltern muss die Scheu genommen werden, kindgerechte Entscheidungen zu treffen, auch wenn diese von der Mehrheit der Entscheidungen anderer abweichen. Schulleiterinnen und Schulleiter sowie Lehrerinnen und Lehrer und Erzieherinnen müssen sich an den Gedanken gewöhnen, dass schulfähige Kinder auch schon mit fünf Jahren in die Schule gehen dürfen und dass dies einzig und allein von deren Entwicklungsstand abhängt. Vorurteilsfreiheit und ein offener Blick bei Eltern und Erzieherinnen für die kognitiven, emotionalen und sozialen Fähigkeiten und Fertigkeiten eines Kindes, und zwar unabhängig von seinem Alter, sind dafür eine Voraussetzung und erfordern ein Umdenken bei allen Beteiligten.

8.1 Die neuen Bildungsvereinbarungen

In vielen Bundesländern gibt es seit kurzem neue Bildungsvereinbarungen bzw. Leitlinien zum Bildungsauftrag von Kindertageseinrichtungen, in denen Rahmeninhalte zur Stärkung des Bildungsauftrages im Elementarbereich verabredet worden sind. Sie sollen den kontinuierlichen Bildungsprozess der Kinder fördern und eine Brücke zwischen Kindergarten und Grundschule bilden. In ihnen wird die Eigenständigkeit des Bildungsauftrages in den Kindertagesstätten betont sowie die Notwendigkeit einer engen Zusammenarbeit zwischen Kindergarten und Grundschule.

Es wird davon ausgegangen, dass Kinder, die in die Schule kommen, schon lange in der Kontinuität von Bildungsprozessen stehen, die in der Familie begonnen und im Kindergarten weitergeführt worden sind. Die Bildungsvereinbarungen und Leitlinien sehen die frühen Bildungsvorgänge der Kinder als Basis für alle weiteren Bildungsprozesse an. Es wird eine bessere Verzahnung zwischen elementarer und schulischer Bildung angestrebt. Das Neue daran ist, dass der Bildungsbegriff eine stärkere Beachtung und Fokussierung erfährt. Er beinhaltet nicht nur die

Aneignung von Wissen und Fertigkeiten, sondern strebt die Förderung in allen Entwicklungsbereichen an, den sensorischen, emotionalen, motorischen, sprachlichen und kognitiven gleichermaßen.

In den Bildungsvereinbarungen Nordrhein-Westfalens sowie in den Leitlinien Schleswig-Holsteins wird von Selbstbildungs-Potenzialen sowie von Selbstbildung gesprochen (Ministerium für Schule, Jugend und Kinder, NRW 2004, Ministerium für Bildung, Wissenschaft, Forschung und Kultur, Schleswig–Holstein 2004). Damit wird deutlich, dass Kinder als aktive eigenständige Subjekte gesehen werden, die selbst Fragen stellen und Antworten suchen. Ein solches Bildungsverständnis erfordert eine sorgfältige Begleitung und Planung durch Erzieherinnen, die Material gemeinsam mit den Kindern aussuchen und Situationen schaffen, damit sich die Kinder ihr Wissen selbst erarbeiten und ihre Lernfortschritte bewusst erleben können. Die Anforderungen an Erzieherinnen sind damit gestiegen.

8.2 Anforderungen an Erzieherinnen

Als pädagogische Fachkräfte haben Erzieherinnen eine Schlüsselrolle im Erziehungs- und Bildungsprozess der Kinder (Oberhuemer 2003). Sie sollen (Abb. 33):

Abb. 33: Anforderungen an Erzieherinnen
(Ministerium für Bildung, Wissenschaft, Forschung und Kultur, Schleswig–Holstein 2004)

- Bildungsbegleiter mit hoher Beobachtungs- und Bindungsfähigkeit sein
- Bildungsprozesse unterstützen
- Mitgestalterin von Bildungsprozessen sein

- Interesse an neuen Erkenntnissen von Pädagogik Psychologie, Soziologie und verwandten Wissenschaften entwickeln
- selbst Lust zum Lernen haben
- über eine umfassende Allgemeinbildung („Weltwissen der Erzieherin") verfügen

Dafür benötigen sie fundierte theoretische und methodische Kenntnisse, und es ist die Frage, ob die bisherigen Rahmenbedingungen und die Ausbildungsvoraussetzungen ausreichen, um den hohen Ansprüchen zu genügen.

In der Regel sind Erzieherinnen sehr jung und verfügen über eine entsprechend geringe Lebenserfahrung. Mit 30 Jahren sind die meisten schon wieder aus ihrem Beruf ausgeschieden, mit 35 und 40 Jahren geraten die im Beruf verbliebenen häufig in eine Orientierungskrise und suchen sich andere Berufsfelder, weil sie sich erschöpft und überlastet fühlen. Auch wenn sich arbeitszeitlich in den letzten Jahren schon einige geringfügige Verbesserungen durch Kindergartengesetze und Richtlinien ergeben haben, ist die Arbeitswirklichkeit von Erzieherinnen doch häufig von Hektik und Überlastung geprägt und wird durch Organisationsprobleme und bürokratischen Aufwand erschwert, was nicht selten zu frühzeitiger Resignation, Gleichgültigkeit und Berufsmüdigkeit führt (Hurrelmann und Bründel 2003).

8.3 Reformansätze der Erzieherinnenausbildung und Berufsperspektiven

Schon seit einigen Jahren wird darüber diskutiert, die Ausbildung der Erzieherinnen zu professionalisieren (Fthenakis 2003). Eine Reform der Erzieherinnenausbildung ist schon durch die gestiegenen Anforderungen an das Berufsbild der Erzieherin gerechtfertigt, so wie es u. a. in den neuen Bildungsvereinbarungen und Leitlinien zum Ausdruck kommt. Die Anforderungen an die pädagogische Tätigkeit von Erzieherinnen werden komplexer und anspruchsvoller. Erzieherinnen können den hohen Ansprüchen, die an sie gestellt werden, nur dann gerecht werden, wenn ihnen neben einer guten Ausbildung auch ständige Möglichkeiten zur Weiterbildung – und zwar einer inhaltlichen und beziehungsorientierten – eingeräumt werden. Regelmäßige Teamgespräche, und Supervision unter externer Leitung sind notwendig, um zu einer solidarischen, offenen und klaren Kooperation unter den Mitarbeiterinnen zu kommen.

Durch die neuen Erkenntnisse über Kindheit, Lebenssituationen von Kindern und die gesellschaftlichen Ansprüche an Bildung verändern sich die „Qualifizierungsperspektiven“ für die Ausbildung von Erzieherinnen (Oberhuemer 2003). Von ihnen sind gegenwärtig nur etwa sechzig Prozent ausgebildete Erzieherinnen, die anderen sind Kinderpflegerinnen, einige haben ihre Ausbildung noch nicht abgeschlossen oder haben keine qualifizierte Ausbildung. Eine kleinere Gruppe, meistens handelt es sich dann um Leiterinnen der Einrichtung, hat eine höher qualifizierte Ausbildung, sie sind entweder Heil- oder Sprachheilpädagoginnen. Es geht sowohl um die Qualität des pädagogischen Handelns als auch um die Bildung einer beruflichen Identität der Erziehererinnenpersönlichkeit (Ebert 2003). Erzieherinnen benötigen genau wie Lehrerinnen und Lehrer vielfältige Fort- und Weiterbildungsangebote, wenn sie den Qualitätsstandards gerecht werden wollen, die an ihre Berufsausübung gekoppelt sind.

In Fachkreisen herrscht Einigkeit darüber, dass Ausbildung und Qualifizierung nicht mehr angemessen sind und dem europäischen Vergleich nicht standhalten (Oberhuemer 2003). Nicht nur eine Fachschulausbildung, sondern eine Berufsausbildung auf Fachhochschulebene wäre wünschenswert, wie sie auch die Gewerkschaft für Erziehung und Wissenschaft (GEW) fordert. Das Bundesland Sachsen scheint hier voran zu gehen. Die derzeitige Sozialministerin strebt eine Akademisierung der Erzieherinnenausbildung an und möchte erreichen, dass nach einer Übergangsphase von fünf Jahren alle Leiterinnen von Kindertagesstätten (mit Ausnahme der über 55-Jährigen) ein Pädagogik-Studium vorweisen. Das Berufsbild Erzieherin sollte sowohl von den Ausbildungs- als auch von den Rahmenbedingungen der Berufsausübung, wie z. B. den Gehaltsvorstellungen, an die erheblich besseren Bedingungen in den meisten europäischen Nachbarländern angeglichen werden. Erzieherinnen gehören in Deutschland nicht zu einer verwöhnten Berufsgruppe. Sie verdienen bestenfalls zwei Drittel des Gehalts von Grundschullehrerinnen und sie bilden, was den Status ihrer Ausbildung anbetrifft, das Schlusslicht der europäischen Länder. Durch die erhöhte Professionalisierung soll es ebenfalls gelingen, mehr männliche Interessenten für den Beruf des Erziehers zu gewinnen.

98 Prozent des pädagogischen Personals in Kindergärten sind Frauen. Mädchen und Jungen haben in unseren Kindergärten zur Zeit fast nur weibliche Vorbilder. In deutschen Kindergärten gibt es – anders als z. B. in Norwegen und Dänemark – kaum Erzieher, und das, obwohl es seit langem zum gesicherten entwicklungspsychologischen Wissen gehört, dass Kinder den alltäglichen Umgang mit beiden Geschlechtern benötigen. In unseren Kindergärten lernen Kinder kaum männliches Rollenverhalten kennen, ein gravierender Mangel, der sich in den Grundschulen fortsetzt. Kinder brauchen jedoch für die Herausbildung einer eigenen Identität beide, männliche und weibliche Vorbilder. In vielen Familien fehlen die Väter und die Jungen sind oft einem Überangebot an Mütterlichkeit ausgesetzt. Für sie wäre der Erziehungseinfluss von Männern im Kindergarten besonders wich-

tig (Bründel und Hurrelmann 2003). Daher sollte alles getan und der Rahmen geschaffen werden, damit das Berufsbild nicht nur für Erzieherinnen, sondern auch für Erzieher interessant und attraktiv wird.

8.4 Pädagogische Qualität in Tageseinrichtungen für Kinder

Kinder haben unabhängig von ihrem Wohnort, dem Einkommen der Eltern und deren sozialen Lage einen Anspruch auf ein qualitativ gutes Angebot an Betreuung, Erziehung und Bildung. Tietze, Rossbach und Grenner (2005) haben die pädagogische Qualität von Kindertagesstätten in Deutschland untersucht und kommen zu dem Ergebnis, dass rund ein Drittel der Einrichtungen den Anforderung an eine hohe Prozessqualität auch genügen und dass diejenigen Tagesstätten mit unzureichender Qualität Kindern verminderte Entwicklungs- und Bildungschancen zukommen lassen. Selbstverständlich beeinflusst nicht nur die Qualität des Kindergartensettings den Entwicklungsstand und die Schulfähigkeit von Kindern, sondern auch die pädagogische Qualität des Familiensettings. Dies kann nicht genügend betont werden, dennoch muss der Fokus der nächsten Jahre vermehrt auf einer Verbesserung der Qualität der Tageseinrichtungen liegen, denn diese sind „öffentliche Sozialisationssettings“ (a.a.O., 271) und daher einer Steuerung und Kontrolle eher zugänglich als Familiensettings.

Die Unterschiede in der Qualität der pädagogischen Arbeit in den Kindertagesstätten lassen sich zum einen auf Unterschiede in der fachlichen Kompetenz von Erzieherinnen zurückführen, zum anderen auf Unterschiede in den Rahmenbedingungen, wie Erzieherin-Kind-Schlüssel, Vor- und Nachbereitungszeit für Erzieherinnen, räumlich-materielle Ausstattung. Um eine annähernd einheitliche Qualität zu gewährleisten, müssen politisch-administrative Entscheidungen getroffen werden, die von der Überzeugung getragen werden, dass die Zukunft der Kinder im Kindergarten beginnt und daher unsere Kinder mit dem besten Rüstzeug für Bildung, Bildungsinteresse und Bildungsverständnis versehen werden sollten.

Es ist deutlich geworden, dass der Beruf der Erzieherin und – wünschenswert – auch der des Erziehers ein höchst anspruchsvoller ist und in Zukunft noch anspruchsvoller werden wird. Erzieherinnen und Erzieher unterstützen und begleiten Kinder in einer sehr wichtigen Phase ihrer Persönlichkeitsbildung sowie ihrer Aufnahme- und Lernbereitschaft. Wenn PISA eine Erkenntnis gebracht hat, dann die, dass Bildung und Lernen im Vorschulbereich ein höherer Stellenwert gegeben und eine größere Wertschätzung von allen an Bildung beteiligten Personen entgegen gebracht werden muss: von Politikern, Eltern, von Grundschullehrerinnen und -lehrern, vor allem aber auch von den Erzieherinnen und Erziehern selbst. Prestigeschranken müssen überwunden und Kindergarten und Grundschulen nicht mehr als zwei von einander getrennte pädagogische Systeme, sondern als eine Einheit angesehen werden, in der Kinder in der Phase des Übergangs begleitet und unterstützt werden (Franken 2004).

Literatur

Barth, K. (1996): Schulfähig? Beurteilungskriterien für die Erzieherin. Herder: Freiburg.

Barth, K. (2000): Diagnostische Einschätzskalen (DES) – zur Beurteilung des Entwicklungsstandes und der Schulfähigkeit. Ernst Reinhardt Verlag: München, Basel.

Bayrisches Staatsministerium für Arbeit und Sozialordnung, Familie und Frauen (2003): Der Bayrische Bildungs- und Erziehungsplan. München.

Beck, G./Scholz, G. (1995): Beobachten im Schulalltag. Ein Studien- und Praxisbuch. Cornelsen Scriptor: Frankfurt a.M.

Bensel, J/Haug-Schnabel, G. (2004): Vom Säugling zum Schulkind – Entwicklungspsychologische Grundlagen. *Kindergarten heute – spezial. Herder: Freiburg.*

Breuer, H./Weuffen, M. (1990): Gut vorbereitet auf das Lesen- und Schreibenlernen. Deutscher Verlag der Wissenschaften: Berlin.

Breuer, H./Weuffen, M. (2000). Lernschwierigkeiten am Schulanfang. Schuleingangsdiagnostik zur Früherkennung und Frühförderung. Beltz: Weinheim und Basel.

Breuksch, B.-M. (2004): Fundament stärken und erfolgreich starten. *Jugendhilfe aktuell, Landschaftsverband Westfalen-Lippe (Hrsg.), 3, 46–47.*

Bründel, H. (2001): Wann ist ein Kind schulfähig? Ein praktischer Leitfaden für Erzieherinnen. Herder: Freiburg.

Bründel, H./Hurrelmann, K. (2003): Chancen des Kindergartens nach PISA. *Frühe Kindheit. Die ersten sechs Jahre,* 6. Jg. 13–15.

Bundesministerium für Familie, Senioren, Frauen und Jugend (Hrsg.) (2003): Auf den Anfang kommt es an! – Perspektiven zur Weiterentwicklung des Systems der Tageseinrichtungen für Kinder in Deutschland. Beltz: Weinheim.

Burk, K./Mangelsdorf, M./Schoeler, U. (Hrsg.) (1998): Die neue Schuleingangsstufe. Lernen und Lehren in entwicklungsheterogenen Gruppen. Beltz: Weinheim und Basel.

Burk, K. (2003): Vom Kindergarten in die Schule. Konzepte und Probleme des Übergangs. Kurzfassung des Referats am 24.3.03, Evangelische Akademie Hofgeismar. www.ekkw.de/akademie.hofgeismar/Materialien/03236Burk.PDF.

Christiani, R. (2004): Jahrgangsübergreifende Klassen in der Grundschule: Vertrautes aufgeben? *SchulVerwaltung NRW, 3, 72–75.*

Christiani, R. (Hrsg.) (2005): Jahrgangsübergreifend unterrichten. Cornelsen Scriptor: Berlin.

Deutsch, W./Wenglorz, M. (Hrsg) (2001): Zentrale Entwicklungsstörungen bei Kindern und Jugendlichen. Aktuelle Erkenntnisse über Entstehung, Therapie und Prävention. Klett-Cotta: Stuttgart.

Döpfner, M./Lehmkuhl, G./Heubrock, D./Petermann, F. (2000): Diagnostik psychischer Störungen im Kindes- und Jugendalter. Hogrefe: Göttingen, Bern, Toronto, Seattle.

Ebert, S. (2003): Zur Reform der Erzieher/innenausbildung. In: Fthenakis, W.E. (Hrsg.): Elementarpädagogik nach PISA. Wie aus Kindertagesstätten Bildungseinrichtungen werden können. Herder: Freiburg, 332–351.

Eckensberger, L. H. (1998): Die Entwicklung des moralischen Urteils. In: Keller, H. (Hrsg.): Entwicklungspsychologie. Huber: Bern, 475–516.

Elkind, D. (1994): Ties that stress. The new family imbalance. Harvard University Press: Cambridge (Mass.), London.

Elschenbroich, D. (2001): Weltwissen der Siebenjährigen. Wie Kinder die Welt entdecken können. Kunstmann: München.

Elschenbroich, D. (2003): Kinder als Naturforscher. Vortrag, gehalten auf der Fachmesse für Kindertagesstätten in Hannover. http://www.kita-bildet.de/downloads/Referat_Elschenbroich

Faßnacht, G. (1995): Systematische Verhaltensbeobachtung. 2. völlig neu bearb. Aufl. Reinhardt, UTB: München.

Faust-Siehl, G. (2001): Die neue Schuleingangsstufe in den Bundesländern. In: Faust-Siehl, G./Speck-Hamdan (Hrsg.): Schulanfang ohne Umwege. Grundschulverband-Arbeitskreis Grundschule e.V.: Frankfurt a.M., 194–252.

Fischer, B. (2002): Frühkindliche Bildung im Kindergarten. *Lebensort Kindertageseinrichtung. 5. Workshop am 14. Februar 2002 in Köln. Sozialpädagogisches Institut (Hrsg.): Köln.*

Franken, B. (2004): Kooperation zwischen Kindergarten und Grundschule. *Kindergarten heute – basiswissen kita.* Herder: Freiburg.

Fthenakis, W.E. (Hrsg.) (2003): Elementarpädagogik nach PISA. Wie aus Kindertagesstätten Bildungseinrichtungen werden können. Herder: Freiburg.

Gisbert, K. (2003): Wie Kinder das Lernen lernen: Vermittlung lernmethodischer Kompetenzen. In: Fthenakis, W.E. (Hrsg.): Elementarpädagogik nach PISA. Wie aus Kindertagesstätten Bildungseinrichtungen werden können. Herder: Freiburg, 78–105.

Gisbert, K./Ladwig, A./Wörz, T. (2002) Das Lernen lernen schon im Kindergarten. Auch bei kleinen Kindern können schon lernmethodische Konzepte gefördert werden. *Theorie und Praxis der Sozialpädagogik Vol. 5, 43–47.*

Goleman, D. (1998): Emotionale Intelligenz. 8. Aufl. Hanser: München.

Graf, Ch./Koch, B./Dordel, S. (2002): Körperliche Aktivität und Konzentration – Gibt es Zusammenhänge? *Sportunterricht, 52, H5, 142–145.*

Griebel, W./Niesel, R. (2002): Abschied vom Kindergarten, Start in die Schule. Don Bosco: München.

Griebel, W./Niesel, R. (2003): Die Bewältigung des Übergangs vom Kindergarten in die Grundschule. In: Fthenakis, W. E. (Hrsg.): Elementarpädagogik nach PISA. Wie aus Kindertagesstätten Bildungseinrichtungen werden können. Herder: Freiburg, 136 –151.

Grimm/Weinert (2002): Sprachentwicklung. In: Oerter und Montada (Hrsg.): Entwicklungspsychologie. Beltz/PVU: Weinheim, 517–550.

Hacker, H. (1998): Vom Kindergarten zur Grundschule. (2. Aufl.) Klinkhardt: Bad Heilbrunn.

Hasselhorn, M./Schneider, W./ Marx, H. (Hrsg.) (2005): Diagnostik von Mathematikleistungen. Test & trends, Bd. 4. Hogrefe: Göttingen.

Hurrelmann, K./Bründel, H. (2003): Einführung in die Kindheitsforschung, 2., völlig überarbeitete 2. Auflage. Beltz: Weinheim und Basel.

Ingenkamp, K. (Hrsg.) (1991): Beurteilungsbogen für Erzieherinnen zur Diagnose der Schulfähigkeit (BEDS). Beltz Test: Weinheim und Basel.

Jansen, H./Mannhaupt, G./Marx, H./Skowronek, H. (1999): Bielefelder Screening zur Früherkennung von Lese-Rechtscheibschwierigkeiten (BISC). Hogrefe Verlag für Psychologie: Göttingen.

Kammermeyer, G. (2000): Schulfähigkeit – Kriterien und diagnostische/prognostische Kompetenz von Lehrerinnen, Lehrern und Erzieherinnen. Klinkhardt: Bad Heibrunn.

Kammermeyer, G. (2001): Schulfähigkeit. In: Faust-Siehl, G./Speck-Hamdan (Hrsg.): Schulanfang ohne Umwege. Grundschulverband-Arbeitskreis Grundschule e.V.: Frankfurt a.M., 96–118.

Kammermeyer, G. (2003): Schulfähigkeit als Brücke zwischen Kindertagesstätte und Grundschule. Vortrag, gehalten auf der Fachmesse für Kindertagesstätten in Hannover. http://www.kita-bildet.de/downloads/Referat_Kammermeyer-1.pdf.

Kammermeyer, G. (2004): Fit für die Schule – oder nicht? Was Erzieherinnen über das heutige Verständnis von Schulfähigkeit wissen müssen. *Kindergarten heute – Fachzeitschrift für Erziehung. Herder: Freiburg. Heft 10, 34. Jg., 6–12.*

Kasten, H. (2003): Die Bedeutung der ersten Lebensjahre: Ein Blick über den entwicklungspsychologischen Tellerrand hinaus. In: Fthenakis, W.E. (Hrsg.): Elementarpädagogik nach PISA. Wie aus Kindertagesstätten Bildungseinrichtungen werden können. Herder: Freiburg, 57–66.

Keller, H. (1998): Lehrbuch der Entwicklungspsychologie. Huber: Bern.

Klein, L. (2000): Mit Kindern Regeln finden. Praxisbuch Kita. Herder: Freiburg.

Kohlberg, L. (1995): Die Psychologie der Moralentwicklung. Suhrkamp: Frankfurt.

Krajewski, K. (2005): Vorschulische Mengenbewusstheit von Zahlen und ihre Bedeutung für die Früherkennung von Rechenschwäche. In: Hasselhorn, M./Marx, H./Schneider, W. (Hrsg.): Diagnostik von Mathematikleistungen. Jahrbuch der pädagogisch-psychologischen Diagnostik. Tests und Trends, Bd. 4. Hogrefe: Göttingen.

Krenz, A. (2003): Ist mein Kind schulfähig? Ein Orientierungsbuch. 2. Aufl. Kösel: München.

Krenz, A. (2004): Der Situationsorientierte Ansatz auf einen Blick. Herder: Freiburg.

Krenz, A. (2005): Was Kinder brauchen. Aktive Entwicklungsbegleitung im Kindergarten. Beltz: Weinheim.

Küspert, P./Schneider, W. (2000): Hören, lauschen, lernen – Sprachspiele für Kinder im Vorschulalter. Würzburger Trainingsprogramm. Vandenhoek & Ruprecht: Göttingen.

Landesinstitut für Schule und Medien, Brandenburg (Hrsg.) (2003): Handbücher flexible Schuleingangsphase, betreut durch Rüdiger Urbanek und Frank Schindler. Ludwigsfelde-Struveshof.

Lüpke, v., H. (2004): Grundlagen kindlicher (Selbst-)Bildungsprozesse aus medizinisch/psychologischer Sicht. *Jugendhilfe aktuell, Landschaftsverband Westfalen-Lippe (Hrsg.), 3, 47–49.*

Martschinke, S./Kirschhock, E./Frank, A. (2002): Der Rundgang durch Hörhausen. Das Nürnberger Erhebungsverfahren zur phonologischen Bewusstheit. 2. Aufl. Auer: Donauwörth.

Martschinke, S./Kammermeyer, G./Pickelein, M./Forster, M (2004): Reimen, Silben klatschen, Anlaute hören. Phonologische Vorläuferfähigkeiten erkennen. Auer: Donauwörth.

Matenaar, G./Schubert, S. (2004): „Hier spielt die Zukunft …“. *Jugendhilfe aktuell, Landschaftsverband Westfalen-Lippe (Hrsg.), 3, 44–46.*

Ministerium für Bildung, Jugend und Sport, Brandenburg (Hrsg.) (2004): Grundsätze für elementare Bildung. Potsdam.

Ministerium für Bildung, Wissenschaft, Forschung und Kultur, Schleswig-Holstein (Hrsg.) (2004a): Erfolgreich starten, Integratives Sprachförderkonzept. Kiel.

Ministerium für Bildung, Wissenschaft, Forschung und Kultur, Schleswig-Holstein (Hrsg.) (2004b): Erfolgreich starten, Leitlinien zum Bildungsauftrag von Kindertageseinrichtungen: Kiel.

Ministerium für Kultus, Jugend und Sport, Baden-Württemberg (Hrsg.) (2001): Schulanfang auf neuen Wegen. Dokumentation. (2. Aufl.) Stuttgart.

Ministerium für Schule, Jugend und Kinder des Landes NRW (Hrsg.) (2003): Erfolgreich starten. Schulfähigkeitsprofil als Brücke zwischen Kindergarten und Grundschule. Materialien, Handreichungen. Schriftenreihe Schule in NRW, Nr. 9039. Düsseldorf.

Ministerium für Schule, Jugend und Kinder des Landes NRW (Hrsg.) (2004): Bildungsvereinbarung NRW. Fundament stärken und erfolgreich starten. Düsseldorf.

Montada, L. (2002): Moralische Entwicklung und moralische Sozialisation. In: Oerter, R./Montada L. (Hrsg.): Entwicklungspsychologie. Beltz/PVU,: Weinheim, 619–647.

Müller, R. (2003): Mehr Bewegung ins Lernen bringen. Energie aufbauen, Leistungsfähigkeit und Lernmotivation erhöhen, Lernstoff verankern. Beltz: Stuttgart.

Naumann, S. (1998): Was heißt hier schulfähig? Übergang in Schule und Hort. Ravensburger Buchverlag: Ravensburg.

Nickel, H./Schmidt-Denter, U. (1995): Vom Kleinkind zum Schulkind. Eine entwicklungspsychologische Einführung für Erzieher, Lehrer und Eltern. (5. überarb. und ergänzte Aufl.) Ernst Reinhardt: München und Basel.

Niedersächsisches Kultusministerium (Hrsg.) (2005): Orientierungsplan für Bildung und Erziehung im Elementarbereich niedersächsischer Tageseinrichtungen für Kinder. Hannover.

Nuding, A. (1997): Beurteilen durch Beobachten. Bd. 21. Grundlagen der Schulpädagogik. Pädagogische Diagnostik im Schulalltag. Schneider: Hohengehren.

Oberhuemer, P. (2003): Professionalisierung der Fachkräfte. In: Bundesministerium für Familie, Senioren, Frauen und Jugend (Hrsg.) Auf den Anfang kommt es an! – Perspektiven zur Weiterentwicklung des Systems der Tageseinrichtungen für Kinder in Deutschland. Beltz: Weinheim, 157–165.

Oerter, R. (2002): Kindheit, Kap. 5: Die Gleichaltrigen: Zur Entwicklung sozialer Kompetenzen. In: Oerter, R./Montada, L (Hrsg.): Entwicklungspsychologie. Beltz/PVU: Weinheim, 243–257.

Opp, G./Fingerle, M./Freytag, A. (1999): Was Kinder stärkt. Erziehung zwischen Risiko und Resilienz. Ernst Reinhard: München und Basel.

Petillon, H. (2004): Schulanfang. Wichtiges Ereignis im Kinderleben. *Schüler 2004, Friedrich Verlag, Seelze, 28 –31.*

Piaget, J. (1947): Psychologie der Intelligenz. Zürich: Rascher.

Piaget, J. (1954): Das moralische Urteil beim Kinde. Zürich: Rascher.

Piaget, J. (1972): Urteil und Denkprozess des Kindes. Schwann: Düsseldorf.

Piaget, J./Inhelder, B. (1972): Die Psychologie des Kindes. Walter: Olten

PISA I (2001): Deutsches PISA-Konsortium (Hrsg.): PISA 2000. Leske und Budrich: Opladen.

PISA II (2003): Die Politik der frühkindlichen Betreuung, Bildung und Erziehung in der Bundesrepublik Deutschland. Ein Länderbericht der Organisation für wirtschaftliche Zusammenarbeit und Entwicklung (OECD).

Postman, N. (1995): Keine Götter mehr. Das Ende der Erziehung. Berlin Verlag: Berlin.

Rauh, H. (2002): Vorgeburtliche Entwicklung und Frühe Kindheit. In: Oerter, R./Montada, L. (Hrsg.): Entwicklungspsychologie. Beltz/PVU: Weinheim, 131–208.

RdErl. des Ministeriums für Schule, Kultur und Kinder (2003): Schulfähigkeitsprofil als Brücke zwischen Kindergarten und Grundschule. Amtsblatt des Ministeriums für Schule, Kultur und Kinder des Landes NRW, Nr. 7/03.

Salisch, M. von (2002): Emotionale Kompetenz entwickeln. Kohlhammer: Stuttgart.

Sander, R./Spanier, R. (2004): Sprachentwicklung und Sprachförderung – Grundlagen für die pädagogische Praxis. *Kindergarten heute – spezial.* Herder: Freiburg.

Sanger, J./Kroath, F. (1998): Der vollkommene Beobachter? Ein Leitfaden zur Beobachtung im Bildungs- und Sozialbereich. StudienVerlag: Innsbruck-Wien.

Schäfer, G.E. (2002): Bildung beginnt vor der Schule. 5. Workshop am 14. Februar 2002 in Köln. Sozialpädagogisches Institut (Hrsg.): Köln.

Schmidt-Denter, K. (1994): Soziale Entwicklung. (2. Aufl.). Beltz: München und Weinheim.

Schmidt-Denter, K. (2002): Vorschulische Förderung. In: Oerter, R./ Montada, L. (Hrsg.): Entwicklungspsychologie. Beltz/PVU: Weinheim: 740–755.

Schneider, W. (2001): Frühzeitiges Training hilft. Wie die Entstehung von Lese-Rechtschreibschwierigkeiten verhindert werden kann. In: Deutsch, W./Wenglorz, M. (Hrsg.): Zentrale Entwicklungsstörungen bei Kindern und Jugendlichen, Klett: Stuttgart, 111–133.

Schneider, W./Küspert, P./Roth, E./Ennemoser, M. (1999): Frühe Prävention von Lese-Rechtschreib-Problemen. Das Würzburger Trainingsprogramm zur Förderung sprachlicher Bewusstheit bei Kindergartenkindern. *Kindheit und Entwicklung, 8,* 147–152.

Schneewind, J. (2003): Die Welt erschließt sich auch über Gefühle – Zur Entwicklung emotionaler Kompetenzen im Kindergarten. In: Fthenakis, W.E. (Hrsg.): Elementarpädagogik nach PISA. Wie aus Kindertagesstätten Bildungseinrichtungen werden können. Herder: Freiburg, 30 –50.

Senatsverwaltung für Bildung, Jugend und Sport (2004): Das Berliner Bildungsprogramm für die Bildung, Erziehung und Betreuung von Kindern in Tageseinrichtungen bis zu ihrem Schuleintritt. Verlag das netz: Berlin.

Singer, W. (2002): Der Beobachter im Gehirn. Essays zur Hirnforschung. Suhrkamp: Frankfurt a.M.

Singer, W. (2003a): Ein neues Menschenbild? Gespräche über Hirnforschung. Suhrkamp: Frankurt a.M.

Singer, W. (2003b): Was kann ein Mensch wann lernen? Ein Beitrag aus Sicht der Hirnforschung. In: Fthenakis, W.E. (Hrsg.): Elementarpädagogik nach PISA. Wie aus Kindertagesstätten Bildungseinrichtungen werden können. Herder: Freiburg, 67–77.

Sodian, B. (1998): Theorien der kognitiven Entwicklung. In: Keller, H. (Hrsg.): Entwicklungspsychologie. Huber: Bern, 147–170.

Sodian, B. (2004): Kompetenz auf breiter Basis. Fähigkeiten von Vor- und Grundschulkindern. *Schüler 2004*, Friedrich Verlag, Seelze, 24–27.

Spitzer, M (2002): Lernen. Gehirnforschung und die Schule des Lebens. Spektrum Akademischer Verlag: Heidelberg.

Statistisches Bundesamt (2005): Schulstatistik. Wiesbaden.

Stern, E. (2003): Entwicklung und Lernen im Kindesalter. Vortrag gehalten auf der Fachmesse für Kindertagesstätten in Hannover. http://www.kita-bildet.de/downloads/Referat_Stern.pdf

Strätz, R. (2004): Bildungsarbeit auf neuen Grundlagen. *Jugendhilfe aktuell, Landschaftsverband Westfalen-Lippe (Hrsg.)*, 3, 50–52.

Thewald, B. (1994) Ist Prävention von Lese-Rechtschreibproblemen möglich? *Pädagogische Welt, 2, 63–66.*

Tietze, W./Rossbach, H.-G./Grenner, K. (2005): Kinder von 4–8 Jahren. Zur Qualität der Erziehungs- und Bildungsinstitutionen Kindergarten, Grundschule und Familie. Beltz: Weinheim.

Ulich, D. (1993): Emotionale Entwicklung. In: Markefka, M./Nauck, B. (Hrsg.): Handbuch der Kindheitsforschung. Luchterhand: Neuwied, Kriftel, Berlin, 263–275.

Ulich, M. (2003a): Förderung von Kindern mit einem anderen kulturellen Hintergrund. In: Bundesministerium für Familie, Senioren, Frauen und Jugend (Hrsg.) Auf den Anfang kommt es an! – Perspektiven zur Weiterentwicklung des Systems der Tageseinrichtungen für Kinder in Deutschland. Beltz: Weinheim, 143–153.

Ulich, M. (2003b): Literacy und sprachliche Bildung im Elementarbereich. In: S. Weber (Hrsg.): Die Bildungsbereiche im Kindergarten, Herder: Freiburg, 106–124.

Wehrmann, I. (2003): Zukunft der Kindergärten – Kindergärten der Zukunft: neue Formen der Kinderartenbetreuung. In: Fthenakis, W.E. (Hrsg.): Elementarpädagogik nach PISA. Wie aus Kindertagesstätten Bildungseinrichtungen werden können. Herder: Freiburg, 294–316.

Wirth, G. (2000): Sprachstörungen, Sprechstörungen, Kindliche Hörstörungen. Lehrbuch für Ärzte, Logopäden und Sprachheilpädagogen. 5. Aufl. Deutscher Ärzte-Verlag: Köln.

Wustmann, C. (2003): Was Kinder stärkt. Ergebnisse der Resilienzforschung und ihre pädagogische Praxis. In: Fthenakis, W.E. (Hg.): Elementarpädagogik nach PISA. Wie aus Kindertagesstätten Bildungseinrichtungen werden können. Herder: Freiburg, 106–135.

Zimmer, R. (2003a): Lernen durch Wahrnehmung und Bewegung – Grundlagen der Bewegungserziehung. In: Weber, S. (Hrsg.): Die Bildungsbereiche im Kindergarten. Basiswissen für Ausbildung und Praxis. Herder: Freiburg, 66–86.

Zimmer, R. (2003b): Bildung im Rückwärtsgang? – Pädagogik und PISA. Vortrag gehalten auf der Fachmesse für Kindertagesstätten in Hannover. http://www.kita-bildet.de/downloads/ReferatZimmer.pdf

Zimmer, R. (2004): Toben macht schlau. Bewegung statt Verkopfung. Herder: Freiburg.